フランス
26の街の物語

池上英洋
Hidehiro Ikegami

光文社新書

Bruxelles
Maastricht
Aachen
Bonn
Rhein
(Rhine)
GERMANY
Liège
Namur
Koblenz
Charleroi
BELGIUM
Wiesbaden
Frankfurt am Main
Mainz
Darmstadt
Würzburg
LUXEMBOURG
Luxembourg
Mannheim
Heidelberg
Reims
(ランス)
Heilbronn
Saarbrücken
Metz
Nancy
(ナンシー)
Karlsruhe
Donau
(Danube)
Marne
Châlons-
en-Champagne
Pforzheim
Stuttgart
CHAMPAGNE-
ARDENNE
Strasbourg
(ストラスブール)
Ulm
LORRAINE
Schwarzwald
ALSACE
Mulhouse
Dijon
(ディジョン)
Basel
Zürich
AUSTRI
Vaduz
BOURGOGNE
Besançon
Luzern
LIECHTENSTEIN
FRANCHE-
COMTÉ
Bern
SWITZERLAND
NCE
Jungfrau
Lausanne
Lac Léman
Alps
Genève
Matterhorn
Bergamo
Lyon
(リヨン)
Mont Blanc
Monza
Milano
Clermont-Ferrand
RHÔNE-ALPES
ITALY
Novara
ERGNE
St-Etienne
Grenoble
Torino
Massif
Central
Rhône
Genova
Avignon
(アヴィニョン)
PROVENCE-
ALPES-CÔTE-D'AZUR
Ligurian Sea
Nîmes
(ニーム)
Arles
(アルル)
Monaco
Nice
Montpellier
Aix-en-Provence
Marseille
(マルセイユ)
Toulon
DOC-
LON
Golfe du
Lion
Corse
(Corsica)
CORSE
Perpignan

Southampton
Brighton
Exeter
Poole
Bournemouth
Portsmouth
Torquay
Plymouth
English Channel
Rouen
(ルーアン)
Le Havre
Channel Is.
(GBR)
Caen
(カン)
Seine
Giverny
(ジヴェルニー)
BASSE-
NORMANDIE
Mont Saint-Michel
(モン・サン・ミシェル)
Brest
Bretagne Pen.
BRETAGNE
Rennes
Chartres
(シャルトル)
Le Mans
Orléans
(オルレアン)
PAYS
DE LA LOIRE
CENTRE
Carnac
(カルナック)
Angers
Tours
Amboise
Nantes
(ナント)
Loire
Tiffauges
(ティフォージュ)
Poitiers
POITOU-
CHARENTES
Limoges
Bay of Biscay
Lascaux
(ラスコー)
Bordeaux
(ボルドー)
Garonne
AQUITAINE
Moissac
(モワサック)
Toulouse
(トゥールーズ)
Lourdes
(ルルド)
Santander
Bilbao
Donostia-
San Sebastián
Pyrénées
Vitoria-Gasteiz
Pamplona
Aneto
ANDORRA
Osorno
Burgos
Logroño

序にかえて

王の料理人 ― Chantilly（シャンティイ）

パリから北に電車で三〇分ほど行ったところに、シャンティイという可愛らしい街がある。パリ都市圏を指すイル＝ド＝フランスのすぐ外側に位置するが、あたりをうっそうとした森に囲まれ、本当にこの街に一万人も住んでいるのかと首を傾《かし》げたくなるほどだ。

駅を出て、林の中にまっすぐのびる並木道をしばらく歩くと、左手に競馬場が見えてくる。一八三四年に近代フランスで最初のレースが開催された場所であり、近年でもロンシャン競馬場が改修中には凱旋門賞が開かれる。その競馬場の脇に建つ、宮殿かと見紛《みまが》うばかりの大厩舎を横目で見ながら、シャンティイ城の門へと進む。水辺にたたずむ、フランスを代表する華麗なシャトー（城館）のひとつである。

コンデ公が建てさせたこのルネサンス様式の城館には、公の一家が集めた絵画や調度品のコレクションが並ぶ。筆者のように美術史を学ぶ者にとっては、世界で最も美しい装飾写本と言われる『ジャン・ド・ベリー公のいとも豪華なる時禱書《じとうしよ》』の所蔵先としてよく知られて

図1　シャンティイ競馬場の大厩舎
シャンティイ城のすぐ隣にある大厩舎は1740年に完成したもので、240頭の馬を収容できた。建物の一角は現在、馬の博物館になっている。

図2　シャンティイ城
1358年に建てられ始め、1882年に現在の姿になった。広大な庭園には、牧歌的な農園を模したゾーンもある。

図３　シャンティイ城の図書室
中世の貴重な写本やルネサンス期の豪華な装飾写本、初期印刷本（インキュナブラ）など約１万3000冊を所蔵する。

いる。保存上の理由で残念ながらレプリカしか観られないが、古めかしい書物が壁一面を埋める図書室は、そこにいるだけで観る者を恍惚《こうこつ》とさせる。ラファエッロやプッサンが並ぶ良質な絵画コレクションを眺め、理路整然とデザインされた幾何学式庭園を歩きまわればお腹もすいてくる。

そこで、何かつまもうと城館の一角にあるカフェに入る。ここで頼むものはもう決まっている。クレーム・シャンティイを載せたワッフルだ。日本でもかなり認知されるようになったこの甘みのあるホイップ・クリームは、その名が示すようにシャンティイが発祥地とされる。実際には「雪のミルク」と呼ばれるほぼ同じものが、一六世紀なかばのイングランドやイタリアですでに言及されている。ただ一八世紀のシャンティイでは名物の品となっていたようで、この地のコテージで昼食をとったオーベルキルヒュ男爵夫人が次のように書いている。

今まで、これほど美味しいクリームを口にしたことはありません。魅力的で食欲をそそられる、とても凝った作りでした。ある皿では生野菜と干し果実と一緒にムースで包まれ、四隅には鳥の巣と花があしらわれていて、目を楽しませてくれました。——オーベルキルヒュ男爵夫人による一七八九年の手記（筆者訳）

図4　シャンティイ城のカフェテリア
左奥に大きな厨房がある。実際に使用されていた食器類が壁に展示されている。

図5　クレーム・シャンティイ添えワッフル
シャンティイ城のカフェテリアの名物。紙ナプキンとともに手渡される素っ気なさも良い。

このカフェは奥にだだっぴろい厨房が備えられ、かつてこの城館で暮らした公の家族や使用人たちの数の多さを物語っている。そしてここの料理人だったフランソワ・ヴァテルは、西洋の食文化の歴史にその名を刻んでいる。

一六三一年に生まれた彼は料理人の道を志し、太陽王ルイ一四世時代のフランス各地で研鑽を積んだ。当時の料理人は誰に仕えるかで待遇や地位が決まるため、彼もさまざまな領主のもとで働き、時には主君の失脚のあおりを食って不遇をかこったこともある。

そうして一六六三年、三二歳でコンデ公の「食の総監」に就く。ヴェルサイユの王宮と並んで、およそ当時のフランス料理人が望むことのできた最上のポストである。彼がどのような料理をサーヴしたかはかなり細かくわかっており、そのなかにクリームを使った料理があるため、クレーム・シャンティイも長く彼の創作と考えられてきた。実際にはヴァテルのものはアイスクリームに近いため、一種の伝説の域を出ないが、そのように思われたほど彼が独自に開発した品が多いのもまた確かである。ある時は国王とその廷臣たちを含む約三〇〇〇人もの大晩餐会を仕切ったことも記録されており、当時の彼のポストが高いマネージメント能力を必要としたことがわかる。

図6　シャンティイ城の「鹿のギャラリー」
賓客接待用の食堂で、壁には狩猟を主題とするタペストリーが飾られている。テーブルの上には、1758年に供されたディナーの食器セットとメニュー表（どちらも当時のもの）が展示されている。

　しかし彼を成功に導いた完璧主義が、徐々に彼の精神をむしばんでいった。ある会食では予定より七五人も多い客がやって来たせいで食材が足りず、気に病《や》んだ彼はそれから一二日間も眠ることができなかった。
　そして悲劇は起きた。一六七一年四月二四日、注文していた魚が不漁のためかなかなか届かず、ついに食事を供すべき時間となった時、彼は壁に向かって駆け出し、飾られていた剣に自らの胸を三度叩き付けた。驚愕する給仕たちの前で彼が息絶えた時、扉の向こうには魚が届いていた。

鬼気迫るほどの職人気質を見せつけられるようなエピソードだが、フランス料理が世界に冠たる料理となったのは、ヴァテルに限らず、それほどまでに料理に情熱と心血を注いできた人々のおかげであることに疑いはない。食文化ひとつとっても、ことは料理だけでなく、ワインや食器などフランスが主導的な地位にある分野は多い。同様のことは、美術や哲学、服飾など実に多くの分野にも見ることができる。それらは長く複雑な歴史を経て、さまざまな都市や地域で育まれ、多くの人々によって形づくられてきた。そしてそれらは、クレーム・シャンティイやボルドー・ワインのように、遠く離れた現代の日本に生きる私たちの身の回りにもあふれている。

本書では、フランスの街をひとつずつ採りあげながら、その街にまつわる人や歴史の物語を見ていく。それによって私たちも、この豊かな国がもつ重要性と多面性を、わずかでも理解できるのではないかと期待しながら。

フランス *26*の街の物語　目次

凡例

・引用文中にある（…）は中略を意味する。

・写真は、すべて筆者による撮影と、掲載許諾を得たものである。

人の物語

Chapter 1

レオナルド最期の日々 ―― Amboise（アンボワーズ）

> 聖アントニオの祝日前夜、ロモランタンからアンボワーズへと戻る。その二日前には王もロモランタンから出発。――レオナルド・ダ・ヴィンチ、『アトランティコ手稿』より（筆者訳）

レオナルド・ダ・ヴィンチがミラノからアンボワーズに移り住んだのは、一五一七年の一月一六日（聖アントニオの祝日）より前だったことが引用したメモからわかる。レオナルドが六四歳の時だ。彼は前年の冬にはイタリアからアルプスを越えてフランスへの旅に出たことになるが、それは同年の春にローマでのパトロンだったヌムール公ジュリアーノ・デ・メディチが亡くなったからである。

レオナルドは教皇の弟であるヌムール公に呼ばれて、六一歳の時にローマに赴いていた。弟子と召使いをあわせてもわずか五人のチームでローマに着いたはずなのに、教皇庁はレオ

図７　アンボワーズ城を対岸から眺めたところ
もともとルイ 11 世が着手したもので、ここで生まれたシャルル 8 世が工事を引き継いだ。

ナルドに複数の大広間を与え、食卓だけで四卓、長椅子を三脚に椅子を八脚用意するなどしている。

　これらのことは明らかに、レオナルドが現地の職人を大勢雇う必要があったことを示しており、つまりはヌムール公が彼に教皇庁で大きなプロジェクトを任せようとしていたことを教えてくれる。当時の状況から考えて、おそらくそれは現在ミケランジェロの〈最後の審判〉が描かれている壁面だったと思われる。レオナルドはそこに世界の終末を描くつもりで、嵐や洪水で人類が死に絶えるスケッチを多く残している。もし実現していれば、システィ

図 8　レオナルド・ダ・ヴィンチ、〈アンボワーズ城のスケッチ〉、1518 年頃、ウィンザー城、王立図書館

王城の南側を描いた早描きスケッチ。宗教画や歴史画の背景ではない純粋な風景が独立したジャンルとして確立されるのは 17 世紀のオランダでのことである。

ーナ礼拝堂はミケランジェロとレオナルドという二大巨匠が、天井と正面壁にそれぞれ大壁画を手掛けた「世紀の対決」の場となっていただろう。しかしこの計画は、もともと病弱だったヌムール公が三七歳の若さで急逝して夢と消えた。

一四五二年にイタリアのヴィンチ村で、公証人の家に生まれたレオナルドは、父母の間に階級差があるため私生児として育てられた。当時の公証人組合は私生児が後を継ぐことを禁じていたため、レオナルドは学校に通うことなく、豊かな自然のなかで祖父母に可愛がられながら育つ。これは彼の観察眼を磨き、また当時は貴重だった紙がふんだんにある環境で育ったことは、後に膨大なスケッチと手稿を残すことにつながる。その一方で、家業を継げない彼はラテン語や算盤などの初等教育を受けないことで一生苦労することになる。

　彼はフィレンツェで修業時代をおくり、高い技量を発揮し始めるものの、ボッティチェッリら当時の第一人者の名声の陰に埋もれていた。そこで一念発起してミラノへと移り住む。都市国家同士が覇権を競う戦乱の世なので、軍事技師ならば仕官の口もあるだろう。

　そう考えた彼は三〇歳の時に、自らを軍事の専門家となかば偽ってミラノへ売り込む。首尾よく宮廷技師となった彼は大慌てで勉強し、先達に聞き回ってほどなく本当の専門家になっていく。幸運だったのは、それまでフィレンツェで所属していた工房が大掛かりな土木工事も請け負うところで、そこでレオナルドが実用的な工学知識を得ていたことだ。ミラノ宮廷は彼に軍事以外にもさまざまな仕事を与えた。都市計画や教会の改修、運河の浚渫《しゅんせつ》や地図の作成、結婚式のイベントとしての劇の演出、そしてもちろん肖像画の制作も。こうしてレオナルドが元から秘めていた才能が開花し、今も世界中の人がその名を知る人物となった。

　しかし彼の手稿には、何事もなしとげてこなかったと苦悩を吐露する記述がある。絵画の大作と呼べるものはミラノで描いた〈最後の晩餐〉しかない。やはりミラノにおいて史上最大規模で臨んだ騎馬像制作は、フランス軍の侵入で中断された。鋳造のために集めた数十トンの青銅は大砲製造にまわされ、公開されて話題を呼んだ原寸大模型はフランス兵によって破壊されてしまう。さらに彼らはミラノを征服して、レオナルドのパトロンを捕虜にしてしまった。それにくわえて、今度こそ歴史に名を残す大作を、と臨んだローマでもパトロンの死で実現できずに終わってしまったのだ。そのようななかでも、それまでのさまざまな活躍によって、レオナルドの名だけは各国に知れ渡っていた。今も「万能の天才」として知られるレオナルドだが、実際にはこのように失意の連続で晩年を迎えていたのだ。

レオナルドには、フランス王フランソワ一世から、王城の隣にあるクルー館（現在のクロ・リュセ館）が与えられた。ここはかつて王の姉が住んでいた館でもあり、それだけ王がこの客人を丁重に扱ったことがわかる。王は年あたり一〇〇〇エキュ（今日の日本円で約三〇〇〇万円）という破格の俸給をレオナルドに与え、貴族の出身でレオナルド最後の弟子となったフランチェスコ・メルツィにも年四〇〇エキュ、そして召使い扱いのサライにも一度きりだが一〇〇エキュを支払っている。サライとは小悪魔を意味する名で、まだ少年の時にレオナルドのもとに来て以来、師と行動をともにした召使い兼モデル兼弟子であり、一時期は恋愛関係にあったとも考えられている謎多き人物である。

図 9　クロ・リュセ館（旧クルー館）
緑のなだらかな丘の上にある。フランソワ 1 世の先代であるルイ 12 世が妻アン・ド・ブルターニュのために購入し、その後フランソワ 1 世の姉で『エプタメロン』の作者としても知られるマルグリット・ド・ナヴァルが住んでいた。

図 10　クロ・リュセ館、レオナルドの寝室
レオナルドの寝室と伝えられる部屋。少なくとも寝台や机は当時の様式で再現されている。

アンボワーズはロワール川沿いの小さな街だ。この川はフランス南部の山地から北へと流れ、オルレアンのあたりで西へと向きを変えて大西洋へと進む。アンボワーズはその途中に位置し、川べりから始まるゆるやかな丘の斜面に街がある。その規模に不釣り合いなほど大きな城の存在が、かつてこの地が王都だった時代の記憶をとどめている。

フランス王は、レオナルドに多くの仕事を課さなかった。王母の城ロモランタンの建築上の助言を求めたり、シャンボール城の大階段の設計、運河工事の手伝いなどの他には、結婚の祝宴でかつて評判を呼んだ舞台演出の再現などを求めた程度だ。こうして時おり祝祭を手がけながら、おそらくは王の子息の家庭教師のようなことをする。そして仕事のほとんどは、波瀾万丈の生涯で見知ってきた万象について、知的な会話を好む王に話して聞かせることだった。なんと太っ腹なことと思うが、すでに軍事的にも政治的にもイタリア諸国を圧倒していたフランスに、ただひとつ足りなかったのが文化と芸術における地位であり、そのため王は手っ取り早く文化先進地域のイタリアから著名な文化人を宮廷へ招《しょう》聘《へい》し続けた。レオナルドはその最初の例で、まさに象徴的な存在だった

図 11　ジャン＝オーギュスト＝ドミニク・アングル、〈レオナルドの死〉、1818 年、パリ、プティ・パレ
新古典主義の領袖アングルが描いた想像図。このように王の腕に抱かれて息を引き取ったとずっと考えられていたが、実際には死亡当日に王はこの場所にいなかった。

のだ。

一五一七年一〇月一〇には、枢機卿秘書官アントニオ・デ・ベアティスがアンボワーズを訪れている。そこで彼は〈ラ・ジョコンダ（モナ・リザ）〉を含む、現在ルーヴル美術館にある絵画三点を目にしている。その際にデ・ベアティスはレオナルドの体の右側に麻痺がみられると記している。レオナルドは左利きだが、たとえ利き手側の麻痺ではなくとも描画に影響は出るだろうし、デ・ベアティスも続けて「もう良い作品は期待できない」とまで書いている。レオナルドにフランスで制作した絵画が見当たらない理由かもしれない。

最期の時が迫ってきたことを自覚したのだろう、一五一九年四月二三日、六七歳になっていたレオナルドは遺言書を作成する。そのなかで、彼はメルツィに絵画や手稿のすべてを託し、サライにはミラノに残してきた葡萄《ぶどう》園を贈与することなどを記している。五月二日、クルー館で死去。その三ヶ月後にサン・フロランタン教会で葬儀がしめやかに営まれた。

一五一九年六月一日の日付のある、メルツィによる手紙の写しが残っている。それはレオナルドの異母弟に師の死を伝えるものだ。メルツィは手紙のなかで、フィレンツェの師の口座に残された金額を、利子もあわせて異母弟たちの間で分けるよう指示をする。メルツィがそこに綴る文章には、師への深い愛情と尊敬と、悲しみが込められている。

彼は私にとって最高の父であり、彼を喪《うしな》ったこの悲しみを言い表すことはとてもできません。私が生きている間は、この痛みをずっと抱えていなければならないでしょう。彼は私にいつも最大限の愛情を注いでくださいました。彼を喪ったことは、すべての人にとって不幸です。あのような人は、もう二度とあらわれないでしょうから。——

Codice F 274、ミラノ、アンブロジアーナ図書館（筆者訳）

**図 12　レオナルドの墓がある
サンテュベール礼拝堂、
アンボワーズ城**

城の一角にあり、クルー城を見下ろす位置にある。アン・ド・ブルターニュの礼拝堂として建てられたフランボワイヤン・ゴシック建築の傑作。サン・フロランタン教会に葬られていたレオナルドの遺体は革命期に荒らされたが、その後「本人のものとされる遺体」が 1863 年にここへ移された。

奇跡の泉――Lourdes（ルルド）

顔をあげて洞窟を見ると、白い服を着た女性が目に入りました。びっくりして、錯覚ではないかと思って、目をこすりましたが無駄でした（…）――ベルナデッタの証言

（遠藤ゆかり訳）

一八五八年二月一一日の木曜日にそれは起きた。その日の朝、ルルドの街に住む一四歳の少女マリー＝ベルナルド・スービズー、通称ベルナデッタは、二歳下の妹のトワネットと友人のジャンヌと一緒に、いつものように森へと出かけた。薪にできそうな木を拾うためと、動物の骨でも見つかれば売ってなにがしかの収入とするためだった。

彼女の父は水車小屋で働いていたが、機械化の波で仕事を失った後は職を転々としていた。一家は貧しく、ルルドでももともと牢屋として使われていた粗末な部屋を借りて住んでいた。一四歳のベルナデッタの下に四人の弟妹がいたが、そのうちふたりがすでに命を落としている。

さらには、父は盗みを働いた嫌疑をかけられて一週間刑務所に入れられ、出た後は病気がちになっていた。ミレーの〈落穂拾い〉という有名な絵画があるが、あれは秋の収穫の後、貧しい人々に落ちている麦穂を自由に拾うことが許されていた習慣を描いたものであり、ベルナデッタの家はまさにそのような一家だった。

森と街の間には川が大きなカーヴを描くように流れていて、川岸にほど近いところに地元

図 13　ベルナデッタの生家

「ボリーの水車小屋」、寝室

10 歳まで暮らした家。地階に水車と連動する粉ひき臼がある。二階建てで広くはないが、誕生時の実家の経済状況は悪くなかったことがわかる。

図 14　ベルナデッタの一家が一時期住んでいた元牢屋「カショ」

貧困状態にあった一家が、1856 年 5 月から 1858 年 9 月まで住んでいた家。16 平方メートル（四畳半で二間ほど）しかない狭くジメジメしたこの部屋に、ベルナデッタは両親と弟妹と暮らしていた。

図15　マッサビエルの洞窟
右上のマリア像のいるところが、ベルナデッタが目撃した場所。左奥に奇跡の泉がある。

の人が「マッサビエル」の名で呼ぶ洞窟があった。そのあたりの岩壁には洞窟や窪みが沢山あって、住人はそこへゴミを捨てたり、あるいはそのゴミを餌として食べさせるために家畜の豚を連れて行くなどしていた。そのなかでもマッサビエルの洞窟はひときわ大きく、昔から幽霊が出るだの薄気味悪い言い伝えがあった。

　ベルナデッタはその入口で、風の音のようなものを耳にする。そして奥の壁の上の方へ目をやると、そこが光で照らされているのに気が付いた。するとその光のなかから、引用した証言のようにひとりの女性が姿をあらわしたのだ。ベルナデッタは思わず首にかけていたロザリオを握ろうと思ったが、金縛りにあったように体が動かない。光のなかの女性はベルナデッタの方を見つめながら、

図 16　無原罪の御宿り大聖堂、ルルド
巨大な大伽藍。
右下の黒い部分がマッサビエルの洞窟。

静かに十字を切る仕草を見せた。

　しばし、時が流れた。突然ベルナデッタの手が再び動き始め、ロザリオをつかんだ。次の瞬間、女性の姿は消えていた——。

　帰り道で、ベルナデッタは自分が見たことを妹に話した。親に言わぬよう口止めしながら。とはいえ、そう言われるとかえって黙っていられないのが人というものだ。妹から話を聞いた母は変なことを言いなさんなと娘を叱った。しかし、この話は小さな街に徐々に広まっていった。最初はほとんど誰も彼女の話を信じなかった。ごくわずかな人を除いて。彼らは心のどこかで、この純粋そうな少女が見たものが聖母マリアではないかと考え、本当にそのような奇跡が起こったと信じたい人々だった。

その二日後、ベルナデッタは再びマッサビエルの洞窟に行った。今度は十数人の友人たちがついてきた。そして洞窟の前で皆で祈り始めると、またベルナデッタが洞窟の奥の方を指さして「あそこにいる！」と叫び、一心不乱に祈り出した。友人たちには光も女性の姿も見えなかった。その後も何度か同じことが続き、一緒についてくる人の数も増えていった。そして最初の出来事から二週間がたった二月二五日のこと。その日も三〇〇人以上の人々の前で、ベルナデッタは祈り始めた。いつもはその清楚な姿に人々は見惚《みと》れるのだが、その日の彼女は突如四つん這いになって動き出し、地面をひっかき始めた。そこからは泉が湧き出た。

このことはニュースになり、教会や医師たちが調査に乗り出した。ベルナデッタは検事の尋問をうけ、これまでの証言を撤回するよう迫られた。拒否した彼女は精神に異常をきたしたものとみなされ、新聞はヒステリー症状だと書き立てた。

にもかかわらず、奇跡を信じる人の数は増えていった。湧き出た泉の水を飲んだ少年の眼病が治癒したとの噂もあって、洞窟には千人以上の人々が集まった。人々の目の前でベルナデッタが祈る間、握ったロウソクの炎が手にずっとあたっていても、熱がりもせず火傷《やけど》もしていなかったことさえあった。七月一六日まで、つごう一八回、聖母は少女の前に姿をあらわした。その頃には洞窟はすでに聖地と化していた。

聖母が人々の前に姿をあらわす奇跡のことを「聖母顕現の奇跡」と呼ぶ。ルルドの泉が最も有名だが、実はかなりの数が報告されていて、古くは一世紀から各地で見られ、公認されたものにそうでないものも合わせると、その数は千を超える。

奇跡の年から四年後の一八六二年、それまで調査を続けていた教会の委員会は、七件の治癒を泉によるものと認め、ベルナデッタによる聖母の顕現の証言を真実であると判断した。さっそく地下聖堂の建設が始められた。その四年後には大聖堂も建て始められ、同じ年にベルナデッタは女子修道院に入った。彼女は修道女となり、生涯を信仰に捧げることを誓った。喘息の発作や膝関節の腫瘍に苦しめられながらも、その真面目そのものの信仰への姿勢には皆が敬意を払った。

一八七九年四月一六日、ベルナデッタは三五歳で亡くなる。その後、遺体がまったく腐敗しないため、一九〇九年と一九一九年、さらに一九二五年に遺体の鑑定がおこなわれている。一九三三年、列聖。少女は聖女となった。

図 17　ベルナデッタ、19 歳時の写真。
René Laurentin, *Bernadette vous parle,* Lethielleux, 1999. より。

図18　大聖堂の周囲には、泉の水を自由に汲むことのできる場所がいくつか設けられている。

ルルドはスペインに近いピレネー山脈のふもとにあり、交通の便が良い場所ではなかったが、人気の巡礼地とあって立派な駅もあり、日々多くの人が訪れる。駅から街を通って大聖堂へ向かう道には、レストランや土産物屋、聖具を売る店などが並んでいる。病を治癒する泉の効能はつとに名高く、湧水をいれて持って帰るための瓶がいたるところで売られている。途中にあるベルナデッタの家の粗末さと、相反するかのように巨大な大聖堂との落差に驚きながら、巡礼者たちが洞窟を目指して歩いていく。

奇跡譚を信じるか疑うかは、それこそ個人の自由である。筆者が泉を見学している横では、杖をついた年老いた男性が涙を流しながらずっと手を泉に差しのべて祈りを唱えている。その手には、闘病中の妻だろうか、同年代の女性の写真が握られている。そのような光景を目《ま》の当たりにすれば、本当にその家族に泉が奇跡をもたらすことを願わずにはいられない。

オルレアンの少女 ―― Orléans（オルレアン）

> 彼女は父の家でさまざまな仕事に精を出しておりました。時には麻や羊の毛を紡ぐこともありましたし、季節によっては犂《すき》を引いたり、刈り入れをしにも行きました。また時には、その仕事が父親に回ってきたときですが、村の牛たちや羊の群れの番をしたこともありました。――ベアトリスによる証言記録（池上俊一訳）

ジャンヌ・ダルクが生まれたのは、フランス北東部のドンレミ＝ラ＝ピュセル村である。農民の多くが自分の畑をもたない小作農だった時代に、ジャンヌの父は自作農だったので、それなりに裕福な家庭で育ったようだ。ただ、上流階級ならいざしらず、当時の庶民は自分が生まれた年さえ知らないことが多く、ジャンヌも本人の頼りない証言をもとに一四一二年生まれと推測されている。

冒頭に引用したのは、彼女の処刑から二五年後におこなわれた復権裁判での証言記録で、

図19　マルトロワ広場に建つジャンヌ・ダルク騎馬像

彫刻家フォワヤティエによる1855年の作。

ベアトリスはジャンヌがかつて受けた洗礼式で証人（代母）をつとめた女性だった。彼女が語る少女時代のジャンヌは糸紡ぎや縫いものを得意とする、農村のごく普通の娘にすぎず、畑仕事や羊飼いで両親を手伝う素直な性格がうかがえる。

　ジャンヌが「声」を聴いたのは一三歳の頃だ。その声は、正しいおこないができるよう導きましょう、とジャンヌに話しかけたという。彼女は最初は恐怖を感じ、声のする方を見た。それは教会の方向から響いてきて、光が見えた。これらは彼女が逮捕された後、一四三一年一月九日から始まった異端審問で記録されたものである。初めて声を聴いた時の証言は、二月二二日におこなわれた予備審査でのものだ。彼女はそのなかで、声がする時にはいつも光が見えたと述べている。このあたり、前節のルルドの泉でのベルナデッタの証言と奇妙な一致をみせている。

　当時、フランスとイングランドの間では長期にわたって、断続的に戦争が続いていた。一

図 20　グロロ邸
16 世紀のルネサンス様式の建物で、旧市庁舎。内部は資料館となっている。正面入口にジャンヌ・ダルクの立像。

三三七年に始まった、世にいう英仏百年戦争である。この背景にはさまざまな要因がからむため非常に複雑だが、乱暴に単純化すればそれは王位継承権問題である。実際、ヨーロッパの歴史上に起きた戦争の大半に跡目相続がからんでいる。

一三二八年、フランス王シャルル四世が嫡子を残さず死去。兄弟も相次いで世を去っていたため、甥にあたるヴァロワ伯フィリップがフィリップ六世としてフランス王に就いた（ヴァロワ朝）。ところが、イングランド王エドワード三世の母はシャルル四世の妹にあたることから、自分のほうがむしろフランス王位の継承権があると主張する。フィリップ六世が対抗上、イングランドのライヴァルであるスコットランド王と組むなどしたため、エドワード三世が宣戦布告して百年戦争が始まった。
　この対立構図を複雑化させたのは、当時のヨーロッパに無数にあった領邦の存在である。公侯伯といった爵位をもつ者の多くは自分の領地をもつ領主であり、王とは主従関係を結ぶものの、なかば自治国家を形成していた。

図21　サント・クロワ大聖堂
13世紀建立、16世紀にいったん宗教戦争で破壊され、17世紀から始められた改修は19世紀までかかった。

　そのなかで最も強大なもののひとつが、現在のベネルクス三国（オランダ・ベルギー・ルクセンブルク）のかなりの部分を領土としていたブルゴーニュ公国である。英仏両国のお隣ということもあり、ブルゴーニュは両国のパワーバランスに対して大きな影響力をもっていた。

一方、アルマニャック伯やベリー公、ブルターニュ公などいくつかの領邦は、アルマニャック派と呼ばれる反ブルゴーニュ集団を形成していた。フランス国王がいるパリは両勢力の争奪の対象となり、内戦状態が続いていた。イングランドがこの好機を見逃すはずもなく、フランスの内戦を横目にノルマンディーで領土を着々と広げていった。

図 22　〈ジャンヌ・ダルクの火刑〉、1893 年、サント・クロワ大聖堂
大聖堂にある、ジャンヌ・ダルクの生涯を描いた 10 場面からなるステンドグラスの最終場面。

一四一九年には、パリとフランス国王をブルゴーニュ公がおさえ、アルマニャック派は王の子シャルル王太子を立ててパリを離れていた。しかし同年九月、ブルゴーニュ公がアルマニャック派によって暗殺される。急《きゅう》遽《きょ》ブルゴーニュ公を継いだフィリップ三世はイングランドと同盟を結んだ。ちなみに善良公と呼ばれたフィリップ三世は、北方ルネサンスの大家ヤン・ファン・エイクのパトロンとして美術史でも重要な存在である。

イングランドはここぞとばかりにアルマニャック派を攻め、フランスのほぼ北半分を手中におさめる。一四二二年には英仏両王がともに世を去り、イングランド王の遺児がまだ生後八ヶ月ながら両国の王として即位した。一方のシャルル王太子はブルージュやシノンなどフランス中西部の町を転々としていた。その地方と北フランスとの境目にある交通の要衝で、連敗続きのアルマニャック派がよりどころとする重要な拠点となっていた街がオルレアンである。一四二八年一〇月、この街にイングランド軍が迫り、包囲が始まった。

ジャンヌが声を聴き始めてから、三年ほどがたっていた。その年の五月には一度、彼女は声に従ってドンレミ村の近郊の町ヴォークルールを訪れていた。なんとか守備隊長には会えたものの、王太子のもとに行くのを手伝ってと頼む少女の願いは叶わないままだった。しかし、彼女の耳には声が届き続けた。

> 声は私に、フランスへ行くよう告げました。それで私はじっとしていることができなくなったのです。さらに声は、オルレアンの町の包囲を解くように言いました。

図23　カンポ・サント
かつて街の墓地だった場所。正方形の回廊で囲まれている。左奥に大聖堂、その手間に見えるのは美術学校の校舎である。

――一四三一年二月二二日の予備審査でのジャンヌの証言記録（遠藤ゆかり訳）

再びヴォークルールを訪れた少女は、何度も粘り強く依頼を繰り返した。その姿に、住民のなかには彼女を本当に神の使者だと信じるものも出始めた。とうとう根負けした守備隊は少女に男性の格好をさせて馬と剣を与え、途中、敵地のブルゴーニュ領を通りぬける必要があるため護衛の騎士と従者をつけて送り出した。

一〇日後、ジャンヌはシノンの町で王太子と面会した。その時のエピソードは有名だ。神の声を聴いたという少女がやって来ることを知らされた移動宮廷では、これにどう対処すべきか議論がなされていた。賛否双方の意見があり、まとまらない。そこで彼女が本当に神の使命を帯びているのか試すことにしたのだ。

　こうして謁見の広間には身代わりの王太子を立て、王太子自らは他の者たちと同じ列に立った。そこへ少女が入ってきた。王太子の顔など知らぬはずの少女は、ただちに身代わりの者を王太子ではないと言い、王太子を自力で見つけ出した。

　その後の彼女の活躍はよく知られている。甲冑を身に着け、聖母が描かれた旗を持つまだ一七歳かそこらの少女は、オルレアンの街に近づいた。ロワール川がカーヴする地点にあるこの街には、ローマがやって来る以前から、先住民族のケルト系ガリア人の要塞があった。常に戦略上の要衝だったオルレアンは、中世初期には王都だった時期もある。

　神の声を聴いたという少女の噂は、包囲されていた街の中まで届いて住民に勇気を与えた。最初の戦闘で敗走してきたフランス兵をジャンヌは叱咤し再攻撃をしかけさせる。想定していなかった反撃に敵兵は押し戻される。残るは、橋のたもとにある砦である。これは、オルレアンの前に横たわるロワール川を渡るたった一本の橋だった。ジャンヌは戦闘中に矢を肩に受けるが、まさになにかに憑《つ》かれたような気力で動き回る。二日間の激しい戦闘の後、砦は奪還された。半年以上包囲され続けていた街が、少女が来てから一週間もたたないうちに解放されたのだ。いつしかジャンヌは「オルレアンの少女」と呼ばれるようになる。

勢いに乗るフランス軍は、その後も勝利を重ねてランスの街に入った。ジャンヌは、フランス歴代の国王が戴冠してきたこの街での王の戴冠式にこだわった。入城翌日の七月一七日、大聖堂で王太子はフランス王シャルル七世として戴冠した。ジャンヌは、声に聴かされていた自らの使命を果たせたことに恍惚としていたことだろう。しかしこののち、彼女の運命は暗転する。

嫉妬深く、優柔不断。シャルル七世についての歴史家の評価はこんなところだ。一方で、百年続いた戦乱の世を終わらせたのも事実である。さていよいよパリを奪還するため進軍を、と進言するジャンヌに対し、王はまずブルゴー

図 24　ジャンヌ・ダルクの家

オルレアン公領の財務官だったジャック・ブーシェの館で、1429 年にジャンヌが泊まっていたことでその名がある。内部はジャンヌ・ダルク・センターとなっており、少女の物語と資料を映像中心に見せてくれる。

ニュ公との外交交渉を優先する。気のはやるジャンヌはパリ攻撃を始めるが、さすがに容易ではなく、後方で見ていた王は退却を命じる。その後のジャンヌの猪突猛進ぶりは空回りに終わる。積極的に支えようとしない王の心のどこかに、民衆に絶大な人気を誇る少女に対する嫉妬心はなかっただろうか――。

翌一四三〇年五月二三日、コンピエーニュの戦闘中にブルゴーニュ軍によって拘束。先に述べた異端審問が開始されるのはその約七ヶ月半後のことだ。彼女はいったん回心するものの、四日後には撤回して異端の罪が確定する。五月三〇日、死刑執行。生きたまま火で焼かれるという恐ろしい処刑法である。遺灰はセーヌ河に棄《す》てられた。

それから四年後、ブルゴーニュ公とアルマニャック派の和解をきっかけに勢いはフランスに転じ、その後パリも奪還され、一四五三年にはボルドーが陥落して百年戦争は終結した。その二年後に、冒頭に引用した復権裁判が始められ、かつての異端判決は廃棄された。オルレアンの少女は、あらためて救国の少女となった。

青髭の城 ―― Tiffauges（ティフォージュ）

高校生の頃、読んでいた漫画誌で、三山のぼるによる『メフィスト』の連載が始まった。魔女狩りと黒魔術をテーマとする刺激の強い作品で、もともと澁澤龍彥などが好きだった筆者はしばし夢中になった。そのなかで、主人公の魔女は、殺人によって快楽を覚える異常性欲者である日本人男性を助ける。当時はまだ珍しかった中世ヨーロッパへの転生もので、その男性は最後に青髭男爵として生まれ変わる。

青髭男爵とは、中世末期のフランスを生きたジル・ド・レー、本来の名をジル・ド・モンモランシー＝ラヴァルという実在の人物である。レー（Rais）は彼の領地の名で、現在のレッツ（Retz）地方にあたる。ほぼ五角形をしたフランスの国土のうち、北西にビョコッと突き出た半島部分をブルターニュと呼ぶが、レーはその南側の付け根にあたる。彼の領内にあった城はいくつか残っていて、そのなかで長い間本拠としていたのがティフォージュ城である。

図 25　ティフォージュ城、内門
城門の内側にある濠と、内門へ通じる跳ね上げ橋。

　ブルターニュ地方の中心地ナントから車で一時間半ほど南東へ走っていると、濃い緑色の丘が続く一帯に着く。なだらかな起伏を作り出したクリュム川はゆるやかにカーヴを描きながら、やがてロワール川に合流する。ティフォージュの城は、クリュム川を背にした丘の上に建っている。一二世紀にド・トゥアール家によって建てられたこの城は、激しい領地争いで幾度も攻撃をうけ、特に一六世紀に吹き荒れた宗教戦争によって大きく破壊された。現在は廃墟となっているが、堅牢な石造りの城壁や城門はかなりの遺構があり、当時の威容を想像させてくれる。

ジル・ド・モンモランシー＝ラヴァルがこの城の主となったのは、一四二〇年に妻となったカトリーヌ・ド・トゥアールに付いてきた持参金の一部だったからだ。ジルの生年ははっきりとはわかっていないが、おそらく一四〇五年頃と思われるため、結婚したのはまだ一五歳前後だったことになる。ずいぶんと早く感じられるが、日本の戦国大名と同じで、群雄割拠の時代には各勢力が生き残りのために、子供たちを幼い頃から政略結婚の駒とするものだ。

　彼と弟は幼いうちに両親を失っており、母方の祖父が後見人となったが、この人物は親戚の領地を平気で攻めて自らのものにしたりと悪行を重ねている。祖父はこの孫たち

図26　ティフォージュ城、投石の塔

城の攻囲戦の際、この内側から投石器で外へ石を投じた。円形の壁のスリットは矢を射るための矢狭間。

図 27　ティフォージュ城、サン・ヴァンサン礼拝堂
12 世紀に建てられた礼拝堂の遺構。ファサードのみが残る。

も政略の道具にしようと、何度か近隣諸侯の娘たちとの結婚を画策している。そしてジルとカトリーヌとの婚約に至るわけだが、これは四親等間の近親結婚にあたるため、教会による調査と認可を必要とした。近隣諸侯も領土の相続を欲して横やりをいれてきたため、なんとジル側は裁定を待たずにカトリーヌを誘拐して事実婚にしてしまう。こうした野蛮な略奪婚もまた中世ヨーロッパではよく見られた現象であり、当然ながら教会は近親相姦としてこの結婚の無効を宣言したが、すべては後の祭りだった。

　この地方で最大の領地を治めるブル

図 28　サン・ヴァンサン礼拝堂のクリプタ（地下墓所・礼拝所）
ジルと従者たちが陰惨な殺戮をおこなっていた場所のひとつ。

ターニュ公の後継者問題は、すでに前世紀にも英仏両国の代理戦争を引き起こしており、前節でとりあげたとおりアルマニャック派とブルゴーニュ＝イングランド連合との間で激しい争いが展開された。この戦いは一三八一年にようやく最終的な和解をみたばかりだったが、ジルが結婚によってティフォージュ城の主となった年にも、再びブルターニュで諸侯間の争いが起きている。騎士身分としてジルは初陣を飾ってもよい年齢ではあるが、そのことを裏付けるような記録はない。いずれにせよ、ブルターニュはイングランドとフランス王家のどちらからの支配をも免れようと、両者の間を行き来する不安定な状態にあった。

ジルの名がフランスの年代記に登場し始めるのは、一四二七年の後半からである。シャルル王太子はその五年前に、未戴冠ながらシャルル七世の名でフランス王位の継承を宣言していた。同時期にイングランドでフランス王を兼ねる国王があらわれており、シャルル七世の勢力とイングランドとの戦いが続いていた。シャルル七世の妻の実家であるアンジュー公家は、自領中の諸侯のうち最強だったジルの祖父を跡継ぎの副官に任命した。しかし祖父はすでに高齢のため、まだ二二、三歳のジルが実質的にアンジュー公領軍の指揮官となった。

彼は他の騎士たちとともに各地を転戦し、マリコルヌ城館を奪取したり、捕らえられた親族を賠償金を払って取り戻すなどしながら、シノン城に入った。そこへ、一四二九年三月八日にやって来たのがジャンヌ・ダルクである。ジルをモデルとする小説は多いが、たいてい、この日にジルが少女の敬虔《けいけん》な姿に胸打たれ、恋に落ちたことになっている。なかには実際に相愛の仲として描くものもあるが、ジルは本質的に同性愛者なのでそれらは創作にすぎない。

ジャンヌが本当に神の声を聴いたかどうかの取り調べが始まり、処女かどうかをみる身体的な調査までおこなわれた後、前節で見たような少女の活躍が始まった。オルレアンの奪還に至るまで、少女のそばには常にジルの姿があった。戦場での彼は勇敢な指揮官であり、かつ少女の忠実な協力者で、そして敵に対しては残忍きわまりない処刑人だった。一方の少女は、いつも予言をしてはぴたりと当てて兵士たちを心酔させ、夜になると敵兵を含め、昼の戦闘で命を落としたすべての者のために涙を流しながら祈るのだった。ランスでのシャルル七世の戴冠式で、ジルは王の塗油に用いる聖油を運ぶ名誉にあずかり、フランス元帥に列せられた。奇跡の少女の隣で、彼は国を救った英雄となった。

　彼の恐ろしい犯罪がいつから始まったのかはわからない。ジャンヌが捕らえられた時からか、翌年、ルーアンで処刑を待つ少女を救おうと攻め込んで失敗に終わった時かもしれない。あるいは、その次の年に親代わりだった祖父が亡くなってからか。いや、ひょっとするとそのずっと前から少しずつ手を染めていたのかもしれない。後の裁判での起訴状には、すべての悪事は二一歳の頃、つまり彼が指揮官になる前から始まったと書かれている。

　一方、本人の自白調書によれば、戦地以外で最初に人を殺《あや》めたのは祖父が亡くなった一四三二年のことと記されている。いずれにせよ、彼は戦地から引き揚げると従来の浪費癖を一層加速させており、黒魔術に没頭するようになってからは所領の城砦を次々に売り払う規模で濫費《らんぴ》を続け、それでも足りずに方々から借金をするようになる。フランソワ・プレラーティという錬金術師が降魔術などを指導したこともわかっている。そして、ティフォージュ城

図 29　ヴァランタン・フルキエの原画に基づく、ジャン・ララによる版画、〈犠牲者に黒魔術をほどこすジル・ド・ラヴァル〉、1862 年、ニューヨーク市立図書館ピクチャー・コレクション
後世、数多くの小説や漫画、映画、劇などがジル・ド・レーをモデルとした。シャルル・ペローの童話「青ひげ」のモデルの一部もジルと思われる。なお、自称錬金術師のプレラーティによる儀式の内容は、本来の錬金術からはかけ離れている。

の近辺の子供たちが、ひとりふたりと姿を消し始めるのだ。

『眼球譚』などで知られるフランスの作家・思想家ジョルジュ・バタイユは、ジルの裁判や証言の記録を細かく拾い上げている。そこでは、一四三二年にお使いに行った一二歳の少年が消え、次いで家畜の番をしていた九歳の少年が行方不明になる。それらに続いて、膨大な数の消えた少年たちの記録が並ぶ。彼らの身に何が起こったかは、一四四〇年に告訴されたジルの裁判記録によって明らかになっている。彼を死に追い込んで所領を没収したい他の貴族の思惑により、かなり誇張されたものと思われるが、それにしてもその裁判での証言はすさまじい。読んで気分が悪くなるかもしれないので、残忍で猟奇的な犯罪が苦手な方は、次の段落ごとスルーなさるようお願いしたい。

記録は微に入り細を穿《うが》っているが、ここではなるべく弱めて書く。従者らが少年を連れてくると、ジルはまず少年の首を絞め、苦しむ様子に興奮し始める。彼は子供の体をさんざん弄《もてあそ》んで自慰行為に及ぶと、壁の釘に犠牲者の首をひっかけて吊るしたり、拷問にかけて瀕死となった犠牲者の上に座り、痙攣《けいれん》の振動を味わう。それから喉や腹を切り開き、手を入れてまだ温かい血が流れる様子を楽しんだ後、剣で四肢と首を落とし、専用の槌で頭部を砕いた。眼球はくり出され、心臓や手などと一緒に悪魔召喚の術に用いられた。夜ごと繰り返されたこのような行為のサディスティックさは、およそ血の通った人間がおこなったとは信じがたいほどだ。

ジルに対する異端審問は拷問にかけながら遂行され、並行して殺人や借金踏み倒しなどの世俗裁判もおこなわれた。彼は降魔術や同性愛などの背教的な行為の数々によって破門され、世俗裁判では罰金刑と絞首ののち火刑の裁定が下された。最初は不遜な態度を示していた彼も、最後には跪《ひざまず》いて敬虔な態度を示し、嗚咽《おえつ》しながら懺悔《ざんげ》した。司祭たちは彼を再び教会

図 30　ティフォージュ城、城壁
頑丈な基礎部分は現存している。かつては 24 メートルもの高さのドンジョン（主塔）を擁していた。

へ迎え入れた。生きたまま火刑に処せられるはずの罪状にもかかわらず、一等罪を減じられて先に縛り首となったのもこのためか。

一四四〇年一〇月二六日、処刑。三五歳前後のはずだ。同罪とされた従者たちは完全に焼き尽くされて灰となって消えたが、ジル・ド・レーの黒焦げの遺骸だけは教会に葬られた。のちのフランス革命の時に暴かれて、それもまた消えてしまったが。

征服王の近親結婚 ── Caen（カン）

第二次世界大戦中の連合軍の上陸作戦によって、「ノルマンディー」の名をご存知のことと思う。ノルマンとは「北の（ノルド）＋人（マン）」を意味し、文字通り北方のスカンディナヴィア地方からやって来たゲルマン系部族を指す。彼らはまた、「フィヨルド（ヴィーク）の人」の意味でヴィーキンガと現地では呼ばれており、これを英語読みしたものがいわゆるヴァイキングである。つまりどちらも同じ民族を指す語なのだが、なんとなく民族としてはノルマン、船に乗って海賊行為や貿易活動をおこなう場合にヴァイキングと、漠然と使い分けられている。

おそらく暖かい土地を求めて、彼らは九世紀頃から南下を始めた。帆とオールを併用する船に乗って、北ヨーロッパの沿岸部を襲い、あるいは入植していった。彼らはセーヌ河を遡ってパリをも略奪した。数十年間にわたった攻撃に耐えるため、パリではシテ島の要塞化を進めるなどして抵抗している。結局、西フランク王国はパリを守るかわりに、部族長ロロ率いるノルマンにセーヌ河口域一帯を割譲せざるをえなかった。キリスト教に改宗することも王が出した条件のひとつだった。

　こうして、現在のルーアンを中心に、ノルマン人の入植地が九一一年に誕生した。彼らは古ノルド語を棄ててガロ・ロマン語（ガリア地方＝フランス化されたラテン語）を用い、生活習慣なども徐々にフランス化していった。世襲制によって貴族化した部族長は、フランス王と臣従の礼を交わしてノルマンディー伯を称し、領土の拡大にともなってノルマンディー公を自称するようになる。

　一〇二七年かその翌年、ノルマンディー公に男子が生まれる。ギヨームと名付けられたこの子は、母が職人の娘であることから、身分違いの両親が正式に結婚しなかったためギヨーム・ル・バタールと綽名《あだな》された。バタール（bâtard）とは私生児のことで、犬なら雑種を指し、英語では罵倒語としてよく用いられるバスタード（bastard）にあたる。

　エルサレムへ巡礼に行った父が客死したため、一〇三五年にノルマンディー公ギヨーム二世となる。わずか八歳かそこらの年齢である。重臣たちのなかにはさっそく地位を狙う者もあらわれたが、フランス王の助けもあってギヨーム一派はこれにうまく対処し、権力基盤を徐々に安定させていった。領地はロロが建てた頃よりも西方に拡大しており、中心地もバイ

図 31　カン城
城内にはギョームの時代に使われていた小ぶりな宮殿に、広間の床モザイクなどの一部が残っている。城は彼の治世後も拡充が続き、12 世紀に建てられたドンジョン（主塔）の基礎部分なども見ることができる。

ユーなどの西側の街へシフトしつつあった。なかでもカンはローマ時代にできた街道と重要河川がクロスする場所に位置するため、移動宮廷の時代にあって、ギョームの領地の実質的な首都の役目を果たしていた。カンには今も、彼が建てさせ始めた城があるが、これは中世の西ヨーロッパで建造された城郭のうち最大のものである。

　ノルマンディー公領のさらなる安定をはかるため、北東に位置するフランドル（現在のベルギー）伯と手を結ぼうと、二〇歳を過ぎたギョームは伯の娘マティルダと

図 32　男子修道院
ギョームが建てた修道院の回廊から、修道院教会であるサンテティエンヌ教会を望む。

婚約した。しかし、両者が五親等の間柄にあることから、ローマ教皇はこの結婚に待ったをかけた。

その頃、海の向こうのイングランドの王位に就いていたのはウェセックス家のエドワードである。ブリテン島も長年、北方民族の侵入に苦しめられており、エドワードもまだ幼い頃に、デーン人（デンマークの国名はここから）の侵攻を逃れてノルマンディー公領に二〇年以上にわたって亡命していたことがある。というのも、彼の母エマはノルマンディー公家の出身だからだ。エドワードはこうした逆境にありながらも英王に復帰し、キリスト教を保護したため、殉教者に準ずる「証聖王《コンフェッサー》」と綽名された。ただ、この「コンフェッサー」の語が告白や懺悔する人の意味でより知られていることから、一般的には「エドワード懺悔王」の名で知られている。

懺悔王には子がいなかった。そのため、親族であるギョームがイングランド王位を継承する予定だったと考えられている。

しかし、ここにひとりの人物が登場する。懺悔王の妃の兄ハロルドである。

彼はフランスへの航海中に船が難破し、漂着したノルマンディーでギョームから歓待を受け、そのお礼として臣下の礼をとった。この時、ハロルドは自らのイングランド王位継承権をギョームに譲ったとされる。ところが、ハロルドは帰英後、一〇六六年一月の懺悔王の死に際して自らハロルド二世として王位に就いた。

怒ったのは約束を反故《ほご》にされたギョームである。さっそく艦船の建造と渡海準備を始めさせ、九月末には海を渡った。五千以上の騎士から成る大軍である。これに対し、歩兵の数にまさるイングランド国王軍も最初は善戦したが、翌月のヘイスティングスの戦いでノルマンディー側が勝利。ハロルドは戦死して、アングロ・サクソン系の最後のイングランド国王となった。ギ

図33　男子修道院、
サンテティエンヌ教会の内陣と、ギョームの墓
手前右の床の上に敷かれているのがギョームの墓石。

ヨームは同年末にウェストミンスター寺院でイングランド王ウィリアム〈ギョームの英語読み〉一世「征服王」として即位し、現在のイギリス王家まで延々と続くノルマン系王朝の祖となる。

この一連のストーリーは、美術史に燦然《さんぜん》と輝く〈バイユーのタペストリー〉に描かれている。これは六三メートルもの長さの刺繍作品で、日本の絵巻のように横へ横へと場面が続いていく巻物である。ギョームによるイングランド征服「ノルマン・コンクェスト」の全プロセスを主題とするが、残念ながらギョームのロンドンでの戴冠式が記されていただろう最後の数メートルが欠けている。騎馬戦や艦隊などによる戦闘シーンはもちろんのこと、宴会の場面やその食事の用意をする従者たちなど、身振り手振りも面白く、当時の生活様式までわかるほど生き生きと描写されている。

さて、対英戦争が始まる前の一〇五三年に遡る。教皇に反対

図 34　〈バイユーのタペストリー〉部分、11 世紀第四四半期、バイユー、タペストリー美術館

ストーリーは基本的に左から右へと展開する。左から、ハロルドのイングランド王即位、星を眺める人々、ノルマンディー軍の出発の報を受けるハロルド。右上に描かれたほうき星は、1066 年に到来したハレー彗星の貴重な記録である。驚く人々のジェスチャーなど、非常に人間味あふれる描写が面白い。かつてはマティルダが注文主とされ「王妃のタペストリー」と呼ばれていたが、実際にはギョームの親族の依頼によるものと現在では考えられている。

されていったんマティルダとの結婚をあきらめていたギヨームだが、それから四年後にあたるこの年、彼はあらためてマティルダと結婚した。そのやり方はかなり強引で、押しかけて折檻しそうな勢いだったと書いているものもある。そのため、マティルダがＤＶにあっていたのではと考える者もいるが、大方は夫婦の関係は長年良好だったものとみている。

　この結婚は、後に代替わりしたあらたな教皇からの認可も取り付けており、そのお返しとし

図35　女子修道院、聖三位一体教会の内陣と、マティルダの墓
墓石の上のガラス板に、教会のステンドグラスからの光が反射する。

て、二人はそれぞれ修道院を建てることになった。これらの建物は公領の実質的な首都だったカンに今も残されており、二人の墓もそれぞれの教会におさめられている。厳かな空間に横たわる墓石には、それぞれラテン語で銘文が彫られている。

偉大なる王ギョームの妻となり、修道院を創設し、この教会を建て、広大な土地と貴重な品々を寄進した。

哀れな者には慈悲深く、貧しき者には富を与え、善意に満ちた彼女は自らは質素であり続けた。

　こうして彼女は高潔なる日々を送り、一一月一日に永遠の住まいを手に入れた。

――マティルダの墓石碑文（筆者訳）

　この無敵の王は、今はささやかな棺の中にいる。いかなる偉大な領主でも、いずれ小さな部屋で十分な時が来る。

太陽が三度沈み、乙女座に二度昇ったとき、彼はこの世から去っていった。

――ノルマンディー公ギヨーム二世（イングランド王ウィリアム一世征服王）

墓石碑文（同前）

図 36　サン・ジル教会の廃墟
7 世紀に起源をもつ由緒正しき教会だったが、ノルマンディー上陸作戦時の連合軍の爆撃により灰燼に帰した。写真は、ロマネスク様式の側壁部分。激戦地のひとつだったカンの街には、こうした大戦の爪痕が数多く残されている。

夢破れた画家 ── Arles（アルル）

　フランス南部にあるアルルの街は、ギリシアから船でやって来た人々の入植地として始まった。その後、古代ローマに組み入れられてからも、ローヌ川の河口域の拠点として発展していった。街に残る巨大なコロセウム（闘技場）や広大なアリスカン墓地、フォールム（古代ローマ時代の中央広場）地下の回廊などはローマ時代の栄光を今に伝えている。

　一八八八年二月二〇日の朝、アルルにパリからの夜行列車が着いた。駅に降り立った乗客のなかに、三四歳のフィンセント・ファン・ゴッホがいた。なぜこの街を選んだかについては、日本に行きたいけど行けないなら南仏に行くしかない、と彼自身が手紙で述べている。一年中そこそこ温暖でカラッとした地中海性気候のアルルを代わりに選んだときくと、四季の変化に富み、多湿な日本に住む私たちは少し驚いてしまう。ともあれ、印象派の成立に関してジャポニスムが果たした役割は大きく、フィンセントもモネやルノワールと同じように浮世絵や団扇《うちわ》などを収集していた。彼は浮世絵のような明るい光がほしいとも述べており、

図37　アルル、ローヌ川の岸辺
ファン・ゴッホの絵と同じ視点からの眺め。

エキゾチズムをかきたてる日本にやや南方のイメージを抱いていたのだろう。

ただ、フィンセントを出迎えたのは、この地方にしては珍しく六〇センチメートルも積もっていた雪だった。予想外のことに彼も面喰らったに違いないが、カレルという宿屋兼レストランに投宿してすぐに筆をとった。

彼は三七歳で北フランスのオーヴェール＝シュル＝オワーズで亡くなるが、その短い生涯のうち、私たちがよく知る画風が確立されるのが、ほかならぬアルルの地においてである。彼はここに一五ヶ月ほどしか滞在しなかったが、その間に二〇〇枚もの絵を描く。

ほとんどの作品を手がけた最晩年は「奇跡の三年間」と呼ばれ、「ファン・ゴッホの後に生まれて、その影響を少しも受けなかった画家はいない」とよく言われるが、アルルこそ、真に画家としての絶頂期をもたらした街なのだ。

彼は猛烈に描き始めた。昼夜を問わず制作を続けて、カンヴァスは部屋からあふれ、あたりには油のにおいが漂った。宿屋とは当然ながらトラブルが続いたため、五月には家を借りることにした。よく知られた「黄色い家」である。

この建物は第二次大戦で残念ながら焼失したが、彼が描いた絵によって外観や寝室などを知ることができ

図 38　フィンセント・ファン・ゴッホ、〈ローヌ川の星月夜〉、1888 年、パリ、オルセー美術館

最晩年の糸杉や星月夜を描いた絵を予告する一枚。ミレーの作品からの影響が指摘されている。北斗七星が大きく描かれているが、この方向と位置に見えるはずもなく、画家が見たままでなく自ら構成した作品であることがわかる。

る。作品がまったく売れない彼のこと、この間の生活費や引っ越し費用などはすべてテオこと弟テオドルスが仕送りしている。アルルに来る四年前に兄弟間で交わされた契約があるが、画商であるテオが月一五〇フランを払うかわりに、兄の全作品を受け取ることになっている。一フランはざっと今日の一五〇〇円ほどと見てよく、テオは毎月二三万円ほどを送る約束をしたうえで、アルル時代にはその倍を送った月もある。つくづく、まったく評価されていなかった兄の創作活動を支え続けた弟テオの無償の献身ぶりには頭が下がる。

　フィンセントは切磋琢磨できる他の画家との共同生活を夢想し、ポール・ゴーギャンを執拗に誘う。ゴーギャンもまた困窮生活にあえいでおり、テオの支援をうけることでフィンセントの提案をしぶしぶ承諾した。

　フィンセントは嬉々として準備を進めた。寝台を買い、椅子や鏡も買い揃えた。ゴーギャンの力強い作風を知る彼は、圧倒されないように急ピッチで制作を進め、ゴーギャン用の寝室の壁に自分の〈ひまわり〉を架けた。ゴーギャンもまた、自分のほうが優れていることを示そうと、制作に精を出して自画像を送りつけている。

　こうして、一〇月二三日から共同生活が始まった。食事の買い出しはフィンセント、料理はゴーギャンの担当だ。ゴーギャンはお金を用途別に箱に入れて管理するなど、几帳面な一面を見せている。同じモチーフを一緒に描いたり、外にスケッチに行ったり。夜は夜でずっと美術理論を論じあった。

自信家で、理論武装をしたうえで冷静に話すゴーギャン。一方のフィンセントは熱情をほとばしらせながら憑かれたようにまくしたてる。前者は頭の中にあるイメージを形にしろ、現実のモチーフの形態に縛られるな、と説く。後者はしかし、視覚的にとらえたものを脳内で増幅して描くスタイルだけを知らぬ間に創り出してきた。ともに現代美術の重要な分岐点

図 39　アルルのコロセウム
1 世紀後半に建てられたフランス最大の円形闘技場。楕円の長直径は 135 メートルほどあり、2 万人を収容できた。中世には教会の建材にするために大理石が取り去られていたが、近年の修復で外壁はかなり昔日の面影を取り戻した。内部の見学が可能で、大理石外壁の上を歩くこともできる。

図 40　フォールムの地下回廊
紀元前 1 世紀に造られた巨大な地下倉庫。この上にフォールム（古代ローマ時代の中央広場）があった。

となるふたりだが、スタイルはまったく異なっていた。そのうえ、非常に頑固である点だけは二人とも共通していた。

後世から見れば、このふたりの共同生活などうまくいくはずがないとすぐわかる。しかし、必死な当事者たちにそれがわかるはずもない。一ヶ月もたたないうちに議論は言い合いに変わり、強烈な個性同士がむき出しでぶつかり始めた。

ゴーギャンはアルルから去ることを考え始め、そのことを察したフィンセントは苦しむ。どうしてこうなるんだ、彼と理想的な共同生活を送れたはずなんだと、彼は悲しさと焦燥感で張り裂けそうになっていく。一二月二二日には議論が嵩《こう》じて、フィンセントがゴーギャンにワイングラスを投げつける出来事が起きていた。そしてその翌日、よく知られた事件が起こる。その晩、ゴーギャンは夕食をすませると街に出かけていた。

背後に、聞き覚えのある、早くてギクシャクした小さな足音を聞いた。私が振り返るのと、フィンセントが、刃を開いたかみそりを手に私に襲いかかるのとは同時だった。私のにらみがこの時は大いに効いて、彼は襲いかかるのをやめ、頭をうなだれて、すごすごと家の方へ引き返した。——ゴーギャンによる一九〇三年の回想より（新関公子訳）

ゴーギャンはその夜は黄色い家に帰らず、安ホテルに泊まった。翌日戻ってくると、家のまわりに人だかりができていた。ほうぼうに付いた血痕は、フィンセントの寝室まで続いて

図 41　ポール・ゴーギャン、〈ひまわりを描くファン・ゴッホ〉、
1888 年、アムステルダム、ファン・ゴッホ美術館
黄色い家での共同生活中に描かれた作品。ひまわりという同一モチーフを描いているだけに、よく知られたファン・ゴッホの〈ひまわり〉に見られる原色厚塗りの作風と、ゴーギャンの本作での平坦で均一な平面処理の違いがよくわかる。モチーフの中で特に目立つ色だけを抽出してその一色だけで塗るというゴーギャンのこの作風は、後のナビ派やフォーヴィスムへの道を拓いた。

いる。その前の夜遅く、フィンセントは自ら左の耳たぶを切り落とし、娼館を訪れてラシェルという顔馴染みの娼婦にそれを渡していた。それから血を流しながら家まで戻り、ベッドに倒れ込んで意識を失っていたのだ。ゴーギャンは医者を呼んでくれと警察に頼み、友人が目を覚ましたら、自分はパリに行ったと伝えてくれと言い残した。

　こうして、共同生活はわずか二ヶ月で終わった。フィンセントは入院し、翌年の五月にはアルルを離れてサン・レミにある精神病院に入る。まわりが押さえつける必要があるほどの激情的な発作の時期と、憑かれたように制作に打ち込む時期とを繰り返す。

　一八九〇年の初めには生涯で初めて作品が一点売れ、好意的な批評記事も出たが、発作は次第に激しくなる。同年五月にはパリでテオと再会した後、オーヴェール＝シュル＝オワーズに住むガシェ医師の治療を受けながら、村の宿屋兼レストランの小さな部屋に泊まる。そこではとても穏やかに過ごしていたことが、宿屋の娘が後に書いた回想録によって知られている。同年七月二七日、ピストルで腹部を撃ち、二日後に死亡した。

　一方のゴーギャンは、その頃太平洋のタヒチ島での生活を始めたばかりだ。彼はその後いったんフランスに戻るものの、再度太平洋へ戻って現地で亡くなる。文明から離れて暮らすために来た島で、何の役にも立たない自分に苛《いら》立《だ》ちながら、現地で新聞を発行し、教会や警察と対立し続けた。

フィンセントが思い描いていた共同生活は破綻して終わった。二人は喧嘩別れをして終わった。一般にはそう思われているし、間違いではない。しかし、その後遠くに離れて暮らした二人の間で、手紙のやりとりが続けられたことを知る人は少ない。怒りの時期は通り過ぎ、静かに相手のことを思いやるその内容に、ああ、良かったねと思わずにはいられない。

> また手紙をくれてありがとう。こちらに戻ってから、毎日のように君のことを考えていたよ。（…）君のデッサンに基づいて描いたアルルの女の肖像が気にいったようで、僕はとてもうれしい。（…）これを仕上げるのに、病をおして一ヶ月あまりもかかってしまったが、君や僕やごくわずかの人たち、つまり理解してもらいたい人には理解される絵だと思っている。――ファン・ゴッホからゴーギャン宛てに一八九〇年に書かれた未完の手紙より（高橋啓訳）

図 42　アルルの旧オテル＝デュ（元市立病院）
ファン・ゴッホが耳切り事件の後に担ぎ込まれた病院。彼はここに 2 週間ほど入院後、退院したが、そのひと月後に再度入院している。彼はこの回廊庭園も描いている。

芸術の物語

Chapter 2

悩める画家のふたつの連作

―― Giverny & Rouen（ジヴェルニーとルーアン）

四〇歳を迎えようとしていたクロード・モネは、苦悩の日々を送っていた。その前年には、長年連れ添った妻カミーユを失った。モネが日本趣味を露わにした作品〈ラ・ジャポネーズ〉のなかで、着物をまとって可愛らしい笑顔をみせていた女性である。

彼女は二人目の子を産んだ時からずっと体調がすぐれず、一八七九年の九月五日の朝に亡くなった。悲しみも束の間、画家としての本能なのか、彼女の肌にあらわれた色の変化をとどめようと、モネは妻の死顔を描いている。

一八七四年、三三歳の時にパリで開いたグループ展で、彼は目に映る視覚印象をそのまま描いた作品を発表した。後に「第一回印象派展」と呼ばれるようになるこの展覧会で、彼はふたつの改革を美術史にもたらした。

ひとつは、筆触分割と呼ばれる理論である。太陽光をプリズムに通すと七色に分かれることはご存知だと思う。これら七色はR（赤）G（緑）B（青）という「光の三原色」を混合させて作ることができる。モニターの色調整をこの三色でおこなうのはそのためである。そしてそれらをすべて混ぜると白になる。言い換えれば、自然の色は混ぜると明るくなっていくのだ。

一方、人工色ではそうはいかない。人間が色を作る際には、Y（黄）C（空色、シアン）M（赤紫、マゼンタ）の「絵具の三原色」からさまざまな色を作り出す。プリンターのインクに黒とこれら三色があるのもそのためだ。そしてこれら三色をすべて混ぜると黒になる。つまり、自然の光と異なり、絵具の色を混ぜていくと暗くなっていくのだ。

このことから、彼は自然光に含まれない絶対黒をパレットから排除し、さらにできるだけ明度を下げないよう、色をなるべく混ぜないで原色に近い状態で描く方法を編み出した。たとえば、緑色を描きたいなら、空色と黄色を並べて描けば、遠目からは緑として認識されるといった具合に。

第二点は、人間の知覚認識システムの正しい把握によってもたらされた。モネが第一回印象派展に出品したなかに、土手に咲く花々を、ただポンと置かれた色の群れとして描いた作品がある。それまでは、花びらの輪郭線まできっちりと描かれ、陰影までつけられて初めて花の絵とみなされていた。しかし実際には、私たちは土手に咲く花々の形まで一枚一枚しっかり見て「花だ」と認識しているのではなく、土手で風にゆられている色の集まりがあれば、それを「花だ」と知覚する。要するにモネの描き方のほうが人間の知覚認識システム上は正しいのである。モネが相当な理論家だったことがおわかりになると思うし、印象派とはまさにモネによる一大実験だったと言って良いだろう。

しかし、展覧会は批評家たちによって酷評され、来場者たちの笑いの種となり、興行的にも失敗に終わった。同じ年のサロン（官展）が一ヶ月ちょっとの会期中に四〇万人もの集客があったのに対し、ほぼ同じ日数開催された印象派展は約三五〇〇人にとどまった。最終日に至っては五四人しか来なかったことがわかっている。パリの写真館の上階を借りておこなわれたが、開催にかかったコストすら回収することができずに終わった。

状況は、二年後におこなわれた第二回展でも変わらなかった。二〇名の画家が出展したが、先述したモネの〈ラ・ジャポネーズ〉など数点が売れたほかは低調に終わり、「絵画らしきもの」と記事に書かれるなど散々な結果に終わった。そして、さらにその翌年の第三回展も嘲笑《ちょうしょう》の的であり続け、最終日におこなった競売の結果も芳しいものではなかった。

その頃、わずか二〇フラン（現在の三万円ほど）の支払いができないから少しでも貸してくれ、といった内容のモネの手紙も残っている。結局、同様に貧窮にあえいでいた盟友ルノワールとシスレーはサロンに応募する決心をした。サロンに入選して初めて画家として認められ、そうでなければ生計がたたない時代だ。保守的なアカデミズムに反抗するためにサロンへ応募しないことを不文律としていた印象派グループだが、こうして彼ら二名は次の印象派展への不参加が決まった。

　モネの心は揺れていた。彼が中心となって始まった印象派だが、彼もまた日々の生活に困っていた。妻カミーユを失った一八七九年に開かれた第四回展は、裕福で献身的なギュスターヴ・カイユボットが世話役のような立場にあった。モネは彼にいったんは不参加を告げたが、仲間内の誰もが実力を認めるモネを欠くことをカイユボットは恐れた。根気強い説得の果て、結局モネは出展している。

　しかし、かねてより印象派の名前が気に入らないドガの強い主張によって、第四回展は独立芸術家展の名で開かれた。この展覧会で初めて印象派は黒字を出したが、しかしグループがもはや当初の形を失い、内部対立さえ起きていることは誰の目にも明らかだった。その年のサロンでルノワールは富裕層の肖像画を出品し、経済的安定を手に入れつつあった。

　一方のモネはいまだ困窮を脱する糸口を見つけられないまま、家では八人の子を抱えていた。うちふたりはカミーユが遺《のこ》した子であり、あとの六人はアリス・オシュデの連れ子だった。彼女はもともとモネのパトロンだった実業家の妻だが、夫が破産して逃亡してからはモネのもとにいた。病床のカミーユを看病したのはアリスであり、カミーユの死後は内縁の妻となっていた。ただ世間の目もあって、入籍するのはそれから一三年も後のことになる。

結局、一八八〇年の第五回展には参加せず、モネは一〇年ぶりにサロンに応募して入選を果たした。グループからは裏切り者と見られたに違いない。しかしこの一歩によって、彼は迷いを吹っ切れたようだ。個展を開いて作品が数点売れ、さらに画商ポール・デュラン＝リュエルとの関係は強固なものとなった。

モネの絵を独占的に扱うようになったこの腕利きの画商は、少しずつだが着実にモネの購買層を開拓して画家に経済的安定をもたらしていく。おかげでサロンに再度挑戦する必要もなくなった。デュラン＝リュエルが生涯で手掛けたモネ作品の数はなんと千点にものぼる。

モネはパリの画壇を一時忘れようとするかのようにポワッシーへ転居し、ほうぼうへ制作に出かけた。特にノルマンディーの海岸で描いた作品は好評をはくし、彼の筆の迷いも消えていった。そして取材旅行中に立ち寄った場所のひとつがジヴェルニーであり、そののどかな可愛らしさを気に入った彼は、一八八三年、四二歳の時にジヴェルニーに家を借りる。ポワッシーへの引っ越しも、そこからジヴェルニーへの転居費用もデュラン＝リュエルが出している。

> とても幸せです。ジヴェルニーは私にとって最高の地ですから。——モネから批評家テオドール・デュレへの手紙より（筆者訳）

ジヴェルニーは、パリから海に向かってセーヌ河を三分の一ほど下ったところにある。モネが引っ越した時には、まだ三〇〇人ほどの農民が暮らすばかりの小村にすぎない。セーヌの支流のエプト川のせせらぎが心地よく、濃い緑色の森がまわりを囲む。この地で彼は借家ながらさっそく庭造りを楽しみつつ、写生をしに近隣の街や村へ精力的に出かけていった。

ジヴェルニーに移って以降、彼の様式の確立にとって大きく作用したのが、いくつか手がけた連作絵画である。最初の作品は収穫期に麦畑に置かれる積藁《つみわら》をモチーフとした。人や動物が主たるモチーフだと、描く者も観る者も、目はモチーフの表情やポーズなどを追ってしまう。その点、積藁であれば純粋に光がその表面に与える色の変化にのみ注意を払うようになる。時間を変えながら積藁を描いた二〇点ほどの連作により、モネはついに光が創り出す

図 43　ジヴェルニー、モネの庭

色彩の多面性を初めて描き留めた画家となった。

七年間の借家生活に飽き足らず、彼はジヴェルニーで家と土地を手に入れたいと強く願うようになった。今度もまた、資金提供をしたのはデュラン＝リュエルである。画家はいつものように、あなたのために傑作を用意しています、と手紙で訴えている。このあたり、モネはちゃっかりしたものだ。この頃にはモネの作品は高値で安定的に売れるようになっており、相変わらず貧困にあえぎながらただひとり、すべての印象派展に出品し続けるピサロが、「モネの作品ばかり売れる」と息子宛ての手紙でこぼしている。

（左）図 44　クロード・モネ、〈ルーアン大聖堂（灰色の時間）〉、1892 年、ルーアン美術館

（右）図 45　ルーアン大聖堂

ジヴェルニーの土地を入手した頃、モネは決定的な連作に着手している。今度のモチーフはルーアン大聖堂である。セーヌ河をさらに下ったところにあるルーアンは、下流域で最初に橋が架けられた場所だったため、古くから発展した。つまりそこより下流では、橋を架けるにはセーヌの川幅が広すぎたのである。

中世にはノルマンディー地方の主要都市となり、一二世紀末には巨大な大聖堂が建てられた。その後何度も火災や攻撃によって被害をうけたが、その都度改修されて今に至っている。そしてこの街でかつて市場がたっていた広

（上）図 46　ルーアン、大聖堂斜向かいの建物
モネが描いたのはこの建物の二階から。当時はパリ・モデルヌという下着の店舗で、現在はツーリスト・インフォメーションが入っている。

（左）図 47　ルーアン、市門の大時計
ルーアンのシンボル的存在で、駅から中心部への大通りにある。16 世紀の門に、同じぐらい古い時計が掛かっている。建物の内部は時計博物館。

（右）図 48　ルーアン、ヴィユ゠マルシュ（古市場）広場、ジャンヌ・ダルク火刑台跡
当時の公開処刑場であり、手前の環石の上に薪が積まれた。正面のオブジェはジャンヌの異端判決の撤回を記念する「名誉回復の十字架」。

場は、前章でとりあげたジャンヌ・ダルクが火刑に処された場所だ。一四三一年五月三〇日のことで、一九歳の乙女が生きたまま焼かれた場所には、薪を積み上げるための石の環台が残っている。

大聖堂の斜《はす》向かいにある建物の上階に間借りして、モネはひたすら筆を走らせる。大聖堂のファサード（正面）を描いた三〇点のうち二八点が、わずかに異なるものの、ほぼ同じ視点から描かれている。彼は二年にわたって同じ試行を二度繰り返し、ジヴェルニーに帰ってからもスケッチをもとに連作を仕上げた。積藁が視点をさまざまに変えて描かれていたのに対し、大聖堂はほぼ定点観測と言ってよい。太陽は、刻々と位置をずらしながら、同じ場所で動かないファサードにさまざまな色を映し出していく。時間ごとの純粋なる光と色彩の変化だけを追った試みは、当然ながら美術史で初めての挑戦となった。

モネ自身もその価値がわかっていたのだろう、彼はこの連作を一枚あたり一万二千フランもの額でデュラン＝リュエルに買い取らせている。わずか二〇フランが払えずに無心の手紙を出していたのが遠い昔のようだ。そして一八九五年五月には、うち二〇点がこの画商が経営する画廊で展示された。モネの重要性はいまや誰もが認めるところとなっていた。

よく知られているように、モネはジヴェルニーの庭を日本風にしようとした。池にかかる太鼓橋は、歌川広重の浮世絵に似せて造られ、睡蓮《すいれん》や藤、梅や桜などを好んで植えたのも、それが日本のイメージと強く結びついていたからこそだ。出先から「私の日本の牡丹」の世話を怠らないで、と家族に宛てた手紙もある。画家・児島虎次郎や実業家・松方幸次郎がここを訪れた際には、婦人たちの着物を絶賛したりと、日本への愛は終生変わることがなかっ

図49　ジヴェルニー、モネの庭にかかる太鼓橋
モネの死後、この庭は荒れたまま放置されていたので、現在かかっている橋は後世の再建。どうせなら、もう少し当時の橋とカーヴを合わせてくれたら良かったのに。

図50　クロード・モネ、〈睡蓮の池（緑の調和）〉、1899年、ジヴェルニー印象派美術館
ジヴェルニーの街に作られた美術館。印象派と現代作家をクロスするような独創的な企画展をおこなうことで知られる。

た。ジヴェルニーの名はモネの存在だけで世界中に知られるようになり、アメリカなどから多くの画家が移り住んで来た。その数は三〇〇人を超え、偶像視されたモネは、かつてのジヴェルニーの静けさが失われることに苛立ったこともある。

彼は庭造りに非常に情熱を傾け、それは八六歳で亡くなるまで続いた。しかし六七歳頃から白内障が進行し、七〇歳の時に妻アリスを失う。その三年後には、存命中にルーヴル美術館に作品が収蔵される初めての画家となる栄誉に浴したが、一方で長男に先立たれて深い悲しみに沈んでもいる。そしてヨーロッパを第一次世界大戦の暗雲が覆う。

モネは六〇歳頃から庭の池の睡蓮を描き始め、そのまま晩年のライフワークとなった。長年にわたる連作は、同一モチーフを描き続けた古今東西の連作のなかでも、その点数の多さと期間の長さで突出している。眼病のせいで徐々に白っぽくなり、時には明るくなり、時に暗くなる。ほとんど靄《もや》がかかったような薄い色調もあれば、どぎつい原色で塗りたくられたものもある。手の動きも衰えていくにつれ、細かな筆遣いが消え、おおらかな面的処理が支配していく。睡蓮の連作は、この偉大な長寿の画家の老年様式への移り変わりを見事に示してくれている。

彼は八〇歳過ぎから、フランス国家と〈睡蓮〉の大連作の制作契約を交わしている。これが現在パリのオランジュリー美術館の特別室の壁一面を覆っている長大な連作である。彼は公開を待たずに世を去ったが、芸術家人生における集大成であり、印象派の終焉を告げる作品となった。そしてそれはまた同時に、先に亡くなった妻子や友人、仲間たちの弔いであり、大戦で失われた多くの人命への鎮魂歌だったのだ。

図 51　ジヴェルニー、サント・ラデゴンデ教会にあるモネの墓

モネの一家の墓で、正面中央の平らな面に一枚だけある墓標がクロード・モネのもの。

洞窟壁画と黒い聖母

——Lascaux & Rocamadour（ラスコーとロカマドゥール）

ラスコーを訪れた誰もが、ラヴィダのことを覚えています。小ぶりな馬が並ぶフリーズ、闘牛の間に描かれた熊、そして小さな彫刻たち（…）あの大きく壮大な黒い牛ほど有名ではない絵にも等しく注がれる情熱——。疲れを知らぬ語り部だった彼は、寄生虫のために松の木々で植え替えられるまで、葡萄で覆われていたこの丘のことを語って聞かせるのです。——ドミニク・レグリュ、『*France*』紙、一九九五年三月三〇日の記事より（筆者訳）

一九四〇年の九月八日のことだ。当時一七歳のマルセル・ラヴィダは、ロボットと名付けた飼い犬と歩いていた。するといきなりロボットが駆け出し始める。彼は一匹のウサギを見かけたのだ。追い回されたウサギはしかし、ふっと地面に消えてしまった。追いついたマルセルがそこを見ると、木の切り株の根元に、頭が通るか通らないか程度の穴が開いていた。彼はそばにあった石を拾って、黒々とした穴の中へ投げ込んでみた。すると、石が転がっていく音が聞こえて、その穴がずっと先まで続いていることがわかった。好奇心にかられた彼は、その四日後、友人のジャック・マルサルを誘い、そしてパリから来たジョルジュ・アニエルとシモン・コンカという年下のふたりも連れて、穴の中を探検しに入っていった。それが先史時代のヨーロッパを代表する歴史的発見になるとも知らずに——。

最初彼らは、近くにある城から続く秘密の地下道かなにかだったら面白いな、と想像をふくらませていた。ところが、彼らの目の前にあらわれたのは、墨で描かれたような動物たちだった。

牛、馬、鹿……。その壁画はどこまでも続いているようだった。マルセルらから話を聞かされた教師は、はじめは彼らが冗談かいたずらで言っているのだと思

図 52　黒い牛の前にいるマルセル・ラヴィダ、発見当時の写真、ラスコー 4

図53　ラスコー4、外観

ったが、念のため昔の教え子のひとりに確認のため付いて行かせた。

はたして、教え子は動物の絵をスケッチして戻って来た。そこからは人づてに話が伝わり、神父や医師が確かめに来て、ほどなく考古学者までやってきた。先史時代の洞窟壁画であることが確かめられ、その年の終わりにはさっそく歴史的記念物に指定された。しかし当時はフランスの北半分をナチス・ドイツが実質的に支配していた時期だったため、この大ニュースが世界中を騒がせるためには大戦の終結を待たなければならなかった。

一九四八年からは一般公開が始まり、洞窟を訪れた人の数は一九六〇年代の初めに一〇〇万を超えた。しかし、日本の高松塚古墳でも同じ問題が発生したのでご想像がつくと思うが、人間は外界から湿気や熱、さまざまな虫や付随物を持ち込む。長い間ほぼ閉ざされていた空間にとって、それは劇的すぎる変化だった。特に二酸化炭素は壁面を酸化させ、壁体の腐敗をもたらした。カビや藻が発生し、顔料の変色や剥離が見られはじめた。一九六三年、フランス政府は洞窟への立ち入りを禁止した。

ここからは複製技術の進化の歴史だ。学者たちは複製を造って公開することを決定し、全体ではないがまず最初の複製である「ラスコー2」が一九八三年に公開された。最初の発見者であるマルセル・ラヴィダは、公開停止前のラスコーとラスコー2で長年ガイドをつとめた。

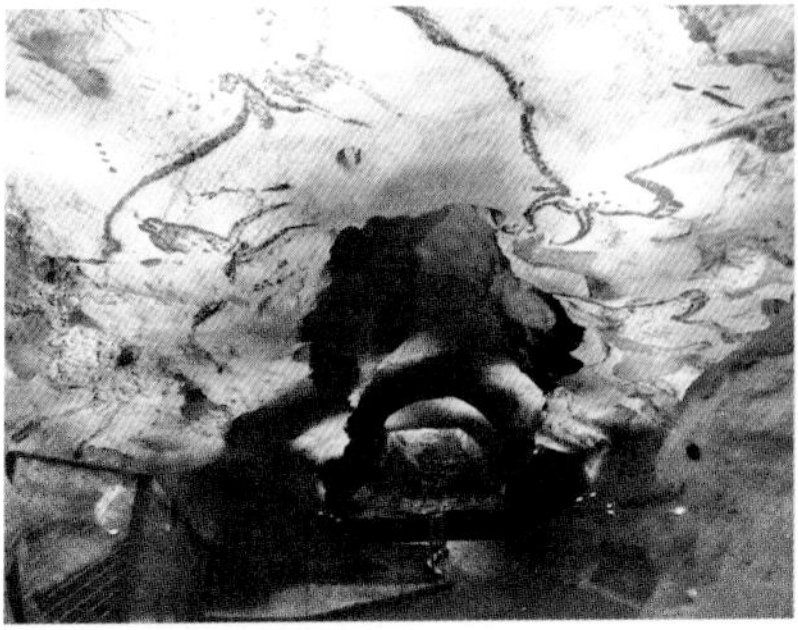

図54　ラスコー4、内部

彼は伝説的な存在だった。発見当時の洞窟の中で撮られた自分の写真パネルの前で彼が自己紹介すると、発見者から直接説明を受けられることに来館者は得をしたような気分になっただろう。冒頭に引用したのは、彼の死を伝える新聞の記事である。

その後、二〇一二年にはさらに再現部分を補って、運べるように造られた「ラスコー3」が公開され、ヨーロッパ各地を巡回した。二〇一六年には東京の国立科学博物館で展示されたので、ご覧になった方もおられるだろう。そして現在は「ラスコー4」が公開されている。内部空間のすべてがその寸法通りに再現されているだけでなく、壁面の細かな凹凸や色感まで高度な再現性を誇っている。

美術の歴史は長い。それは人類が、石や木で作った簡単な道具で動物を追いかけ始めた頃からすでにある。ラスコーとスペインのアルタミラ洞窟がなかでもよく知られている。それらが最古のもののひとつであると同時に、規模が大きく、かつ美術作品として高い質をほこっているからだ。

ラスコーを立体的に見ると、おおよそ細長い十字の形をしている。ところどころ大きな空間をはさみつつ、かなりの高低差のある通路が続く。その粗い壁面には、顔料として焼いた骨や炭の粉、赤土などを水で溶いたものと、唾液や血液、動物の肉からとれる脂（獣脂）、後には樹液などからなる固着剤とを混ぜて描かれている。指や掌、木の枝や毛を束ねたものなどが絵筆がわりに用いられた。その点で洞窟壁画は最初期の水彩画とも言える。動物たちは力強い線で生き生きと描かれ、体のくぼみや斑点まで表現されている。手前に描かれた脚で、その奥の脚の一部が隠れている点などは、当たり前のように感じられるかもしれないが、美術の発展史から考えればその先進性に驚かされる。

少なくとも今から一万七千年以上前を生きた画家の、なんという観察眼の鋭さだろう。そこには自然に対する一種の畏怖の念と、日々の豊穣《ほうじょう》を願うために、犠牲となった獲物に対する感謝を捧げる謝肉祭的な祭儀の意味がある。

ラスコーを手始めに、周囲では他にもクロマニョン人が遺した洞窟などが見つかった。

レ・ゼイジー＝ド・タヤック＝シレイユのように、横穴式住居のいくつかは、動物や他の共同体からの襲撃から身を守るためなのだろう、わざわざ岩壁の高いところに掘られている。

図55　レ・ゼイジー＝ド・タヤック＝シレイユ遺跡

高い岩壁に、いくつか見える四角い穴がクロマニョン人の横穴式住居跡。ずっと放置されていたため、岩壁のすぐ下まで住居がある。ラスコーから車で30分ほど。

また、今も発掘調査が続くコンバレル洞窟では、洞窟壁画とともに高度な加工が施された非常に鋭い石器が発見されている。実際に、放射性炭素年代測定によって今から約一万三千年前のクロマニョン人の住居であることが判明しており、壁画や彫刻、呪術などの文化を持ち始めていたことを教えてくれる。これらの洞窟群は、ひっくる

図 56　コンバレル洞窟
コンバレル渓谷は広めの運動場ほどの面積をもつ平らな土地で、その奥に洞窟がある。レ・ゼイジー＝ド・タヤックの洞窟群の一部を成す。ラスコーと異なり、現在も入って壁画を眺めることができる洞窟だが、一日あたり数十人と厳しく制限されている。

めて「ヴェゼール渓谷の先史的景観と装飾洞窟群」の名で一九七九年にユネスコの世界遺産に登録されている。

　さて、もしラスコーまで車で行かれることがあるなら、ちょっとだけ足をのばして訪れていただきたい場所がある。ロカマドゥールという小さな街である。川の浸食によってできた切り立った崖の壁に、もともとはやはりクロマニョン人が住居とする洞窟があった。規模が大きく、長い間使われ続けた洞窟で、青銅器や鉄器の道具もみつかっている。そしてローマ軍がやってきた時には先住民族ガリア人がここを住居とした。鋭い崖は防衛に向いているためだ。防衛用の砦は中世になると拡充され、また聖堂はサンチャゴ・デ・コンポステーラへ行く巡礼者の経由地となった。岩壁にピッタリと教

（左）図 57　ロカマドゥールの遠景
切り立った崖に造られた小さな街。ラスコーから車で 1 時間半〜 2 時間ほど。

（右）図 58　ロカマドゥール城館
立派な城館が崖にへばりつくように造られている。

会や城館が貼り付いた様子はそれだけで奇観としての魅力を放っている。

　もともとロカマドゥールは「大きな岩」の意をもつ語に由来するが、同時にある伝説上の人物と結びついている。一一六六年に街の礼拝堂から、身元不明の遺体をおさめた墓が発見された。この人物は人里を離れて聖所に生きる隠者で、まるで即身成仏のようにそのまま聖所で亡くなってミイラ化したとみなされたため、「神の恋人」の意味で「アマトール」と名付けられた。今日では「隠者聖アマドウール」として、街の代名詞となっている。

この街を特異な存在にしているもうひとつの要素が、教会にある「黒い聖母」である。処女のままイエスを宿したマリアには純潔を示す白、が定番であるのに、この聖母子像は真っ黒なのだ。蠟燭の煤《すす》が沈着したのだ、いや銀が黒変した結果だと考える者もいるが、最初から黒かった可能性が高い。というのも、古きフランスはガリア人の住む地であり、古代ケルトの聖職者であるドルイド僧が司る独自の宗教が存在していた。それらのすべてというわけではないが、一部には黒い石などを一種の御神体とする派があったようで、その名残が黒い聖母へとつながったと考えられるのだ。その証拠に、フランス各地やイベリア半島の一部などに黒い聖母は点在しており、その数はゆうに二〇〇体を超える。

先史時代の洞窟壁画と、その洞窟住居から発展した奇岩に住んだ隠者の伝説。そして古きフランスで信仰され、その後消えてしまったかつての宗教の名残を示す黒い聖母。これらもまた、いにしえのフランスへと私たちの想像力を羽ばたかせてくれる。

図 59　黒い聖母、12 世紀、ロカマドゥール、
サン・ソヴール教会、奇跡礼拝堂

「新しき芸術《アール・ヌーヴォー》」の都 —— Nancy（ナンシー）

美術の歴史を眺めていると、時おり水族館の大水槽を泳ぐイワシの大群を思い出す。誰がリーダーというわけでもないのに、皆がまとまってひとつの大きな雲を作り出し、ものすごいスピードで泳いだと思えば、次の瞬間にはまるで何かに跳ね返ったように向きと形を変えていく。それと似たようなことを、実は人類も繰り返してきた。美術でいえば、誰が言いだしたわけでもないのに、離れた地点でなぜか同じような様式が同時多発的に生まれたりする。一九世紀末に起きたいわゆる「世紀末芸術」はその典型的な例である。

その動因となったものはいくつかある。イギリスで始まった産業革命が進展したことで、それまで手で作っていた商品が工場で大量生産されるようになる。皆が同じものを使い、同じものを着るようになる。そして同時に、働く人はただのオペレーターと化していき、個性を発揮する機会もその必要もなくなっていく。社会が全体的に豊かになってはいくものの、富は資本家に集中し、徐々に貧富の差が開いていく。その一方で、社会の近代化は学校教育を普及させ、識字率も飛躍的に向上する。人々は本や新聞を読むようになり、自分たちが置かれている状況を自覚し始める。前世紀に始められたポンペイやヘルクラネウム（エルコラーノ）の発掘はヨーロッパの人々がもつ古代への憧憬を加速させ、古典主義やロマン主義の潮流を育てていた。

イギリスで始まったアーツ・アンド・クラフツ運動は、工業製品による支配への抵抗としての手工業回帰を目的としていた。またやはりイギリスを中心としたラファエル前派も、保守的なアカデミズムへの反発から、アカデミーの新古典主義が理想としたラファエッロ様式以前の美術へ戻ることを合言葉としていた。

その背景には、人々がより自然な生活と精神活動を取り戻し、新興中産階級が自覚的に社会を動かす存在となることを目指す運動があった。彼らが男性を打ち負かす女性であるファム＝ファタルをモチーフとして多用したのも、当時、女性の社会的地位向上運動の萌芽が見えつつあったからこそである。同様に、ウィーンやミュンヘンでも、主流たるアカデミーからの分離を意図した分離派（ゼツェッション）の活動が始まっていた。

こうした異なる地点で見られた同時多発的な運動のひとつに、ベルギーとフランスを中心とするアール・ヌーヴォーがあった。

アール・ヌーヴォーは、文字通り「新たな芸術」を意味する。直接的には、一八九五年にパリでサミュエル・ジークフリート・ビングが開いた店名に由来するが、運動自体はすでにそれ以前から始まっていた。

　ビングはユダヤ系ドイツ人として生まれてフランスに帰化した美術商で、世紀末のあらたな芸術思潮の起点を創り出したひとりである。彼は一八七〇年代から日本美術の輸入販売を始め、実際に来日も果たしている。一八八八年からは表紙に大々的に浮世絵などの日本美術をあしらった『*Le Japon artistique*（日本美術、芸術の日本）』という雑誌を発行し、ヨーロッパに日本文化ブームを創り出した。おりしも明治維新後、西欧列強に追いつくことを目指した明治新政府が積極的に西洋とコンタクトをとり、パリやウィーンの万国博覧会に出展して日本趣味を後押しした。モネやゴッホら、印象派とそれ以降の多くの画家たちが、日本美術の要素を採り入れる「ジャポニスム」を経て、独自の新様式へと昇華させていったのは本書でもすでに述べてきたとおりである。

　フランスにおける世紀末芸術の中心がアール・ヌーヴォーであり、中心地としてふたつの極があった。パリとナンシーである。パリにおけるアール・ヌーヴォーの代表的な例を、地下鉄の入口に見ることができる。地下鉄はパリ万博のために整備されたインフラであり、こ

図 60　スタニスラス広場の門

スタニスラス（ポーランドでの表記はスタニスワフ）が造らせたこの四角い広場は、ナンシーの中心にあり、世界遺産に登録されている。ラムールによる鉄格子門は北東角にあり、広場中央にはスタニスワフ１世の銅像が建っている。

れをギマールがデザインした。彼は金属とガラスを素材とし、有機的な形態を採り入れながらも統一化されたパーツを用いることで取り換えや複製をしやすくしている。

では、もう一方の極であるナンシーにおけるアール・ヌーヴォーの例は何かと問われたら、それはもう「街全体」だと言わざるをえない。街を歩けばいかにもなヌーヴォー調の建物が目に入るし、なにげない普通のアパルトマンであっても、その多くに、窓や入口、屋根や庇《ひさし》の形などのどこかにこの様式が息づいている。

何かの芸術の中心地となった街には、たいてい昔からそこに繋がる要素がなにかしらあるものだ。金属工芸で名高いイタリアの最北部がその昔は鎧《よろい》や剣の生産地だったり、ワインの女王ボルドーの周辺が古代からワインの生産地であったり。

しかしナンシーは不思議なことに、古くから特にガラス生産で有名な地だったわけではない。街自体の歴史もそれほど古いものではなく、集落らしきものができたのがようやく一一世紀になってからであり、都市として発展したのもルネサンス時代のことである。

ガラス産業もその頃に始まっている。ドイツ国境に近いこの地方はたびたび両国の争奪の的となり、ロレーヌ公国の中心的な都市のひとつとなったナンシーも幾度か戦禍にあっている。

一七三七年にはポーランドとリトアニアの王スタニスワフ一世・レシチンスキーがロレーヌ公も兼任した。この経緯はなかなか複雑なのだが、単純化するとフランス王家とハプスブルク家との間で、どこの領地をどちらが取るかの手打ちをした結果である。

彼はフランス王ルイ一五世の岳父（妃の父）であり、ロレーヌ公国が実質的にフランスの従属下に入ることを前提とした傀儡《かいらい》の君主だった。実際に一七六六年の彼の死によって公国はフランス王国に併合され、ナンシーは州都となった。

図 61　ペピニエール公園のキオスク
街の中心部にある広大な公園の中にひっそりと佇むこのキオスクは、1875 年に制作された初期アール・ヌーヴォー建築の傑作。

スタニスワフに政治的な実権はなかったが、ナンシーの街の美化には情熱を傾けた。彼が建築家エマニュエル・エレに造らせたスタニスラス広場は今も当時のままの壮麗な姿を見せており、特に金色にまばゆく輝く門の装飾は工芸家ジャン・ラムールの作品で、この街が高い金属工芸技術をすでに有していたことを教えてくれる。

一八七一年の普仏戦争（フランス対プロイセン）の終結後、ナンシーの金属とガラス産業は一気に活性化する。それまで近郊の都市で工房を営んでいたドーム家が、まずはナンシーに移住してくる。オーギュストとアントナンの兄弟は父のガラス工房を手伝いながら作品を制作し、パリ万博に出品して人気を博すなどして評価を高めた。ガラスに描いた装飾模様の上からさらにガラスを重ねる技術で特許をとり、今に続くドーム兄弟社の代名詞的な手法となった。

一方、ナンシーのアール・ヌーヴォーの中心的存在となるエミール・ガレは一八四六年にナンシーで生まれた。彼の父親がすでに、皇帝ナポレオン三世の邸宅にガラス製品を納入するなど活躍していたガラス職人だった。

ガレの後のキャリアにとって影響が大きかったのは、一四歳の頃に植物学を学んだことである。彼と一緒に学んだ友人の祖父が植物学者であり、さらにそこから植物園の園長に教わるなど、その研究は本格的なレヴェルのものだった。その後も留学先で鉱物学や化学を学び、万博で父の仕事を手伝うことで日本美術に触れたりと、後の作品がいかにして生まれてきたかは彼の生涯がわかりやすく示している。

ガレの作品は、それまで工芸品の構成要素としてはほとんど用いられてこなかった昆虫や植物を多用する。また、金属とガラスというまったく異なる素材をまるで溶け合うかのように融合させる。そして有機的モチーフに画面を大胆に横断させる手法などは明らかに北斎漫画などに学んだ成果である。

（左）図 62　マジョレル邸、外観
1901 年から翌年にかけて、建築家アンリ・ソヴァージュによる設計に基づいて建てられた。

（右）図 63　マジョレル邸のサロン
同邸は第一世界大戦で爆撃にあい、再建時に大きく改修されている。

一九〇一年、エミール・ガレを中心に、エコール・ド・ナンシー（ナンシー派）が設立される。ただの美術の地域様式の名ではなく、この地方における産業芸術の振興をはかる協会組織である。設立メンバーのひとりがルイ・マジョレルで、建築家であり、家具なども含めた室内空間を統合的にデザインするインテリア・デザイナーのはしりでもある。ドームのガラスにマジョレルが金属装飾を付け足した合作などもある。彼は同時に実業家としても才を発揮し、美術評論家としても活動してナンシー

図 64　ナンシー派美術館（旧コルバン邸）、外観
1901 年に建てられ、その後も拡張と改修を繰り返した。

のアール・ヌーヴォーの認知度を高めることに貢献した。

　協会の他の創設メンバーにはアントナン・ドームや家具デザイナーのウジェーヌ・ヴァラン、さらにはウジェーヌ・コルバンもいた。コルバンは百貨店を経営する実業家であり、ナンシー派の一大コレクターとして彼らの活動を支えた。コルバンによるサポートは、単に作品を購入するだけでなく、継続的な財政支援によって作家たちの生活自体を支える方法に特徴があった。

　マジョレルとコルバンの二人の名は、今もナンシーの街に深く刻まれている。というのも、両名とも自らの邸宅を建物ごとアール・ヌーヴォーの制作機会として提供しており、前者はマジョレル邸、後者はナンシー派美術館としていずれもアール・ヌーヴォーの殿堂となっているからだ。ナンシー派には他にも多くの愛好家がいたが、とりわけ重要な役割を果たした彼ら二名の貢献はこうして報われたようだ。

図65　エミール・ガレ、〈フランスのローズ・カップ〉、1901年、ナンシー派美術館
異なる素材の巧みな融合、植物学の専門的な知識、大胆なジャポニスム的構図。それらをひとつの作品に優雅にまとめるガレの代表作。

■ある日本人画家の遺作 ── Reims（ランス）■

一九五九年一〇月、七三歳の藤田嗣治はランスの大聖堂で、妻の君代夫人とともにカトリックの洗礼をうけた。キリスト教徒となった藤田には、あらたに洗礼名が与えられた。レオナルド・ダ・ヴィンチにちなんだ「レオナール」（レオナルドのフランス語読み）である。ちなみに妻の洗礼名はマリー＝アンジュ＝クレールとなった。

一二一一年に建設が始まったこの大聖堂は、完成するまでに二六〇年を要した。シャルトルの大聖堂などと並んで、フランスのゴシック教会を代表する作例のひとつである。長期にわたった工事のあいだに四人の建築家が携わったことや、彼らが作成した設計図、窓枠などを作るための原寸大の図面が多く残っていることでも知られている。他のゴシック教会と比べても細部まで多くの装飾が施されており、扉口の両側につけられる人物立像の彫刻群は特に高く評価されている。

大聖堂のサイズや豪華さは中世におけるその都市の富と繁栄ぶりを物語っている。

（左）図 66　ランス大聖堂（ノートルダム大聖堂）、ファサード
正面扉のすぐ上にある半円状のティンパヌム（タンパン）には、〈最後の審判〉や〈キリストの栄光〉などのレリーフ彫刻が施されるのが常だが、ランスには薔薇窓が配されている。巨大な薔薇窓が一直線上に上下に並ぶ構図は珍しい。ランスは第一次世界大戦中にドイツ軍による空爆をうけ、大聖堂も主屋根をはじめかなりの部分が失われ、戦後に造り直されている。

（右）図 67　〈微笑みの天使〉、ランス大聖堂西側扉口
ランス大聖堂に 3 ヶ所ある扉口では、12 ～ 13 世紀に制作された彫刻が優美な姿を見せている。なかでも 2 体ある〈微笑みの天使〉像は、硬直化した従来の様式から一歩進んで、自然な仕草や豊かな表情を示しており、世界的に高い人気をほこっている。

事実、この街と大聖堂はフランスの歴史のなかでも特筆すべき重要性を担っていた。その昔、ユリウス・カエサル（英語読みでジュリアス・シーザー）に率いられた共和政ローマの軍が、その頃ガリアと呼ばれていたフランスに侵攻してほぼ全土を征服する。それ以降、ラテン化されたガリアを意味するガロ・ロマンの時代が続くが、それもまた他民族からの侵入をうける。これがゲルマン系諸民族であり、フランスにはそのなかのフランク人がやって来て、部族ごとに各地に入植地をつくった。フランスの名もここから来ている。

ガリアの地を狙う他の部族が多くいたなかで、フランク人クローヴィスは同系の諸部族を統一し、ガリア北部の制圧に成功する。彼らはもともと北方から来た民族なので、ゲルマン系の神話を信仰していたが、クローヴィスは自軍の数千の兵とともにキリスト教に改宗した。五世紀の終わりのことである。当時はまだガリア全土に占めるゲルマン系民族の人口は少なく、キリスト教化していたローマ帝国民との折り合いをつけるためには自らも改宗したほうが良いとクローヴィスも計算したのだろう。彼が洗礼を受けたランスは、この故事によってその後代々のフランス国王の戴冠式がおこなわれる地となった。

シャンパーニュ地方の中心都市であるランスはまた、シャンパンの名産地としてもよく知られている。シャンパンとはシャンパーニュ地方産のワインのことであり、最初は現在のような発泡酒ではないものが主流だった。そこへ、一七世紀の修道士ドン・ペリニョンが二段階の発酵時の現象を利用して今日のような発泡酒を造り始めた。今日の日本でも高級シャンパンと言えば「ドン・ペリ」だが、その裏にはこのような始まりの歴史があったのである。

　さて、この大聖堂でおこなわれた藤田の洗礼式には、多くのメディアが駆けつけた。有名人だった彼は、集まった人々の期待に応えるように、いずれはランスに礼拝堂を建てるつもりだと発表している。そしてその日以来、藤田はキリスト教主題の作品を多く手掛けるよう

図 68　〈戴冠式の聖杯（サン・レミの杯）〉、12 世紀、ランス、トー宮殿
歴代のフランス王の戴冠式で使われたミサ用の杯。サン・レミ（聖レミ）の杯とも呼ばれる。トー宮殿は大聖堂に隣接する司教館だが、第一次大戦時の爆撃によって損傷をうけた彫刻類や聖具類が、保管と修復のために大聖堂から移された。

になる。翌年にはローマで教皇ヨハネス二三世に謁見し、さらにその次の年には「ヨハネの黙示録展」に出品。また、イタリアで開かれた宗教美術展で金賞も受賞している。

　このように、藤田の晩年は宗教色に強く彩られている。時代の寵児で人気者である点では若い頃と同じだが、しかし彼の心境には明らかな変化がみてとれ、それまでの華やかな生活を続けることへの関心を徐々に失っていく。彼はパリの喧騒から逃れるように、近郊の小村ヴィリエ＝ル＝バクルにあった農家を購入する。一八世紀に建てられたその家屋は廃墟同然だったが、自ら指示しつつ大幅に改修し、七五歳から住居兼アトリエとして暮らし始めた。

　ここに至るまでの彼の道筋は平坦なものではなかった。東京の陸軍軍医の家に次男として生まれた彼は、画家になる夢を抱き、暁星中学の夜間部に通ってフランス語を学ぶ。それから東京藝大に進み、念願かなって二七歳で渡仏。すぐに第一次世界大戦が始まり、生活も困窮するが、芸術の中心地パリで彼はピカソやモディリアーニといった画家たちと親交を深める。ほぼ全員が外国人である若き画家たちは、いわゆる「エコール・ド・パリ」と呼ばれ、ピカソを筆頭に革新的な様式を次々に生み出していく。

　そのなかで藤田は、三五歳頃に確立した「乳白色の肌」を特徴とする独自のスタイルで注目を集める。色の秘密を彼は終生明かさなかったが、アトリエに残した遺品を見れば、彼が貝殻を砕いて顔料を作っていたことがわかる。この手法は当時のフランスではほとんど用いられておらず、また西洋絵画の筆に加えて書道用の和筆も用いるなど、彼は和洋折衷の手法を独自に編み出していた。東洋人への物珍しさも手伝って、藤田、いやフジタは美術界だけでなく社交界でもスターになった。彼は複数の勲章を授けられ、異性関係も派手で結婚も何度かしている。

しかし、その後帰国した日本でも戦争が始まってしまう。画家たちは記録画を描くよう駆り出され、藤田もシンガポールなどに派遣されて戦争画を手がけた。そのため、戦後にはうってかわって戦争責任を激しく追及されることになる。その後、ＧＨＱによる調査の結果、藤田の戦争責任の疑いは晴れたが、フランスに戻るためのヴィザの申請から許可がおりるまで四年近く待たなければならなかった。

終戦から五年後によくやくフランスに再入国した時も、港からパリへ向かう列車の中まで記者がおしかけて、戦争中に大佐として軍部で活動したのは事実か、Ａ級戦犯の幾人かと姻戚関係にあるのは本当か、といった質問を浴びせられている。というのも、仏領インドシナに進駐した日本軍に、フランス兵の捕虜たちの首を刎《は》ねたフジタという名の大佐がいたとの記録などが彼らの誤解を生んだのだ。

フランス再入国から五年後の一九五五年、藤田は六九歳でフランス国籍を取得し、名実ともにフランスの画家となった。彼は最晩年を、宗教画の制作に打ち込みながら君代夫人と穏やかに暮らした。

ランスのシャンパン製造業者のなかでも代表的な存在なのが、ドイツ系のマム兄弟によって一八二七年に創業されたG・H・マム社である。日本でもよく知られているコルドン・ルージュもマム一族が創ったレーベルである。

さて一九六五年当時、マム社の社長だったルネ・ラルーは藤田のパトロンでもあった。ラルーはかつて「ランスで礼拝堂を作る」と公約していた藤田に、敷地と制作費を提供した。画家は小さなロマネスク様式の礼拝堂を建て、内部の壁一面に西洋の伝統的な壁画技法であるフレスコを用いて絵を描いた。正面には聖母子を配し、側壁にはキリストの生涯などの諸場面が描かれた。ステンドグラスは、彼の原画をもとにランスのガラス工芸家シャルル・マルクが制作した。入口近くには自らの自画像とラルーの肖像を加え、後陣で聖母子に向かって跪いて祈る君子夫人の姿も描いている。藤田の公約はこうして果たされた。

礼拝堂は一九六六年一〇月に落成式を終え、ノートルダム・ド・ラ・ペ（平和の聖母）と名付けられた。藤田は一九六八年の一月二九日に膀胱癌によって八一歳で世を去った。その三日後の二月二日、ランス大聖堂で葬儀が営まれ、この礼拝堂に埋葬された。その後、遺体はいったん君子夫人が住むかつての藤田のアトリエ近くの墓地へ移されたが、二〇〇三年には再びノートルダム・ド・ラ・ペ礼拝堂に移葬された。夫人もまた長寿をまっとうし、二〇

図 69　ノートルダム・ド・ラ・ペ礼拝堂（フジタ礼拝堂）、外観
こぢんまりとした礼拝堂のすぐ隣に、パトロンとして資金提供をしたマム社がある。

図 70　ノートルダム・ド・ラ・ペ礼拝堂、後陣
藤田特有の肌の色で描かれた人物たちが、ラピスラズリによる空の下に並んでいる。聖母子を中心に、礼拝する人々が取り巻く。画面右側の列の端から 2 人目が君子夫人。

〇九年に九九歳で東京で亡くなった。同年、遺言にしたがって夫人の遺体もランスへと運ばれ、夫とともにこの小さな礼拝堂に眠っている。

図 71　同、君子夫人部分の拡大図、ノートルダム・ド・ラ・ペ礼拝堂

映画の誕生 —— Lyon（リヨン）

スイス国境付近から流れるローヌ川と、フランス北東部のヴォージュ山脈から続くソーヌ川が合流するところに、フランス第二の都市リヨンがある。ソーヌ川はフルヴィエールの丘を迂回するように大きくカーヴを描き、そのあとはローヌ川と並んで街中を南へと下っていく。この地の利によって、先史時代にはすでにガリア人（ケルト系先住民族）が定住しており、最初に記録にあらわれるのは、数千人規模の人口を有していたこの地を共和政ローマが征服してからである。この地はローマ人によってルグドゥヌムというラテン名で呼ばれており、諸説はあるが、この名はおそらくケルト神ルグと丘を意味するドゥヌムに由来する。

ガリアを制圧したのはもちろんユリウス・カエサルだが、彼は皇帝制を準備する志半ばで紀元前四四年に暗殺されてしまう。最高権力者の突然の死はしばしば内乱をひき起こすため、共和政府のなかで指導的立場にいた哲学者キケロは、将軍や政務官ら有力者たちを呼びつけ、急いで国への忠誠を誓わせた。

そのなかのひとりがカエサルの縁戚にあたるルキウス・ムナティウス・プランクスであり、キケロは彼にルグドゥヌムの都市建設と周辺地域の整備を命じた。属州の統治任務はおいしい役柄ではあるのだが、有力者をローマから遠ざけておきたいという狙いもあっただろう。

こうしてルグドゥヌムは、彼の名の一部でかつローマ世界をも意味するムナティアの語を含み、「豊穣の地に建てられたローマの植民市ルグドゥヌム」ほどの意味をもつ「コロニア・コピア・フェリックス・ムナティア・ルグドゥヌム」の名で記録された。紀元前四三年のことである。なお共和政の維持を目指したキケロは帝政への移行に抗い続けたが、同年に暗殺され、共和思想の啓蒙書を著した右手までが切断され、頭部とともにローマのフォールム（ギリシア諸都市で直接選挙のための広場だったアゴラがラテン文化に取り込まれたもの）に晒《さら》された。

その後、帝政ローマの広大な版図の整備が進んでいくなかで、ルグドゥヌムは兵や物資の供給のための中継地として重要度を増し、ガリアを四つに分けた南東部分にある諸州の首都となった。街は、いつしかフランス風にリヨンとその名を変えていった。

陶器産業や後には絹の生産によって街は富み、特にフルヴィエールの丘の上には、あたかもアテネのアクロポリスの丘のように神殿や劇場などが並んでいた。ここにローマ都市の中心となるフォールムがあったため、「古いフォールム」を意味するラテン語からフルヴィエールの名ができた。現在は丘の上にノートルダム大聖堂があらたに建てられ、一五〇〇年以上の歴史をもつケーブルカーが平地と丘とを結んでいる。

この街は文化面でもさまざまな分野における開拓者を輩出している。美術史ではアール・

図 72　サン・ジャン大聖堂前広場からフルヴィエールの丘をのぞむ

左上にそびえる白亜の建物がノートルダム大聖堂である。内部はビザンチン様式で、19 世紀に市民の寄付によって建てられた。クリプタに黒い聖母像がある。一方、撮影している筆者の背後にはサン・ジャン大聖堂があり、こちらは 12 世紀末に着工されたロマネスク様式の司教座教会。

ヌーヴォー建築を牽引したエクトル・ギマール、象徴主義の先駆者ピエール・ピュヴィス・ド・シャヴァンヌ、ジャーナリストとしてオノレ・ドーミエらによるカリカチュア文化を育てたシャルル・フィリポンらの名がすぐに挙がる。東洋美術への深い造詣と熱意によってギメ東洋美術館を創設したエミール・ギメもこの地で生まれ、また料理の世界に多くの革新をもたらしたポール・ボキューズも近郊の生まれでリヨンで活躍した。そして文学分野でもフランソワ・ラブレーら多くの作家にまじって、アントワーヌ・ド・サン＝テグジュペリもここの出身だ。街の中心にあるベルクール広場の一角には、飛行機を愛し偵察飛行中に消息を絶ったサン＝テグジュペリらしく飛行機乗りの格好をして、星の王子さまに肩を抱かれた姿の彼の記念碑が建っている。

図 73　ベルクール広場にあるサン＝テグジュペリ記念碑
高さ 5 メートル、重さ 7 トン。生誕 100 周年にあたる 2000 年に、リヨンの彫刻家クリスチャン・ギヨーベによって造られた。台座には『星の王子さま』の最終ページが描かれている。同年、リヨンの空港や TGV 駅の名も、彼の名前に改められた。

映画をひとつの文化として定着させたリュミエール兄弟もまた、ここリヨンの出身である。

図 74　リュミエール一家が住んでいた邸宅（現アンスティトゥート・リュミエール）
リュミエール家の住居がそのままの形で展示されているほか、映画史の発展がわかる博物館となっている。

父アントワーヌはドイツやスイスとの国境近くのブザンソンで画家・写真家として活躍していたが、一八七〇年に普仏戦争が始まってプロイセン軍の脅威が迫るとすぐに、八歳と六歳の息子たちを連れてリヨンに引っ越してきた。アントワーヌはリヨンでも写真スタジオを開業し、堅実な経営者としての手腕を発揮した。

オーギュストとルイの兄弟はリヨンの工業高校で学び、父のスタジオを手伝うようになる。一家にとって幸運だったのは、次男のルイが学校で化学を専攻したことだ。

彼はわずか一四歳の若さで当時の感光乳剤の改良に取り組み、約一年後に改良型の臭化銀ゼラチンによる乾板感光材の開発に成功した。インスタント写真を可能にする、いわゆる「エチケット・ブルー」の登場である。さっそく他の写真家らがこの製品を買い求めに来たのを見て、一家は大量生産して販売することを思いつく。こうして彼らはリヨンの街はずれにある、かつて帽子工場だった廃棄工場を手に入れた。エチケット・ブルーはたちまち流行の商

図 75　リュミエール兄弟、世界初の映画「工場の出口」からのひとこま、1895 年、アンスティトゥート・リュミエール
ワラワラと大勢の人が出てくるので動きがあり、犬や馬車が通るなどして、なるほど最初の動画撮影のモチーフに適している。

図 76　アンスティトゥート・リュミエール、入口
「工場の出口」に似せてデザインされている。この入口が面している通りは、現在プルミエール・フィルム（最初の映画）通りと名付けられている。

品となり、工場は拡大され、三〇〇人を超える従業員を抱えるまでに発展した。

当時、欧米ではカメラとフィルムに関する開発が競うようにおこなわれ、さらにそこから動画の撮影と映写という次なるステップへの開発が始まっていた。まず、キネトスコープという小さな箱で、覗き窓から拡大レンズを通して、高速で流れるフィルムを直接見るシステムが登場した。しかしこれによって鑑賞できる人の数は一台につき一人だけであり、また連続撮影した動画をスムーズに知覚させるためには、ただフィルムに光を当てて映すだけでは不十分で、高速で明滅を繰り返す必要があった。

当時、私はずいぶん悩みました。ベッドに倒れたまま、眠らずすごす夜が何日つづいたでしょう。そんな夜だったと思います。突然解決の糸口が、私の頭にひらめきました。

——ルイによる回想（岡田晋訳）

答えは、ミシンのメカニズムにあった。布をいったん止めて、糸を刺し通してからふたたび布を送るメカニズム、つまり動作と停止を高速で繰り返すミシンのシステムをルイは応用したのだ。

そこから先の成功についてはよく知られている。彼らはまず自分たちの工場の門から、仕事を終えて出てくる人々の姿を撮影した。これが世界最初に、撮影されて多くの人々の前で上映された映画となった。この工場は彼らの屋敷と隣り合っており、現在はすべてアンスティトゥート・リュミエール（リュミエール研究所）として、映画の歴史を伝える博物館や映画学校、資料館や映画上映館などからなる複合施設となっている。当時の工場の建物自体はなくなったが、入口のデザインは撮影された当時の工場門の姿を模している。

　彼らはたて続けにさまざまな情景を撮影して動画にしていった。すべて無声無音で白黒で、二〜三分の非常に短いものばかりだが、それらを観た人々は非常に驚き、口づてで観る人の数は増えていった。彼らはパリに上映館を出し、有料で上映される最初の映画館を成功させた。パリっ子が殺到し、数ブロック先まで入場を待つ人の列ができて大いに話題となった。さらに、パリ万博では大ホールに設置した二〇メートル四方もの巨大なスクリーンで上映し、万博一の人気をほこった。こうして、リヨンから生まれた映画はひとつの芸術文化となって定着した。

図 77　映画「パフューム　ある人殺しの物語」（2006 年）の撮影のためのセット、ミニチュアと映画博物館

映画産業の誕生の地であるリヨンには、ほかにも映画に関する貴重な資料を集めた博物館がある。バゾシュ広場にあるミニチュアと映画博物館では、主として撮影用セットや衣装、メイクや小道具などを見ることができる。写真は 18 世紀の薬屋や香料師の資料をもとにした撮影用セットで、12 人の職人が半年がかりで制作した。このためにフラスコだけで 1300 本も集められている。

■現代アートで甦る街 ―― Nantes（ナント）■

ナントはいったんは眠りについた街だった。それがいまや、フランスの若者から老夫婦にいたるまで、最も住みたい街に選ばれるようになった。いったいこの街で何が起きているのか――。

フランスの地図を眺めたとして、南東から北西へ向かって、国土を横断するように約一〇〇〇キロメートルにわたって流れるのがロワール川である。ナントは、この川が大西洋に注ぎ出る手前、五〇キロメートルほどの地点にある。

その昔はまだ上流から運ばれてくる土砂の堆積もそれほどではなく、河口ももっと上流にあった。そして川幅も今より広くまた川底も深かったため、それなりのサイズの船の積み下ろしができる港町としてガロ・ロマン時代に発展した。五七八年からはケルト系先住民族であるブルトン人とゲルマン系のフランク人とがこの地をめぐってたびたび争い、九世紀半ばにも繰り返された戦争の結果、この地方一帯におけるブルターニュ王国の国境が定められ、

図 78　ブルターニュ大公城
ブルターニュ公の城。濠をめぐらせた城塞は堅牢だが、左上に見えるように内部には非常に優雅な城館が建っている。中にはナント歴史博物館が入っていて、この街の長く複雑な歴史を追うことができる。

ナントはその主要都市のひとつとなった。
その後、ヴァイキング遠征時代にはデーン人の艦隊による攻撃をうけ、ブルトン人たちの何割かはイングランドなど他の地域へ避難したり移住するなどしている。それからは復帰をはかる旧勢力とヴァイキングたちとの間で戦闘と政争が繰り広げられたため、ブルターニュ公国の歴史は非常に複雑なものとなった。やがて公国は、青髭とジャンヌ・ダルクの節で述べたように、継承戦争と百年戦争とで主要な役回りを演じた。中世末

図 79　サン＝ピエール・エ・サン＝ポール大聖堂
公国の威信を示すために、計画を拡張しながら 4 世紀以上にわたって建設された。アンリ 4 世による「ナントの勅令」の舞台。

期には人口一万五千弱を擁し、公国最大の都市として、貿易港が生み出す富を蓄えていった。一四一九年には大聖堂の建設も始められている。ちなみに青髭ジル・ド・レーが処刑されたのはナントでのことである。

一五三二年からはブルターニュ公国も正式にフランス王国の一部となった。その少し前に南ドイツで始まったプロテスタント運動はまたたく間に全ヨーロッパへと拡がり、フランスでも各地で新旧勢力間での流血の争いが勃発した。

この宗教戦争に終止符をうった「ナントの勅令」の名を、高校で世界史を選択した方なら覚えておられるだろう。これは新教徒にも旧教（カトリック）側と同様に信教の自由を保障する内容のものであり、フランス王アンリ四世が一五九八年四月一三日に、ここナントの大聖堂で勅令に署名した。

明くる一七世紀に、ナントは一大貿易港としての繁栄を迎える。それまでは主としてフランスのワインをイングランドへ輸出したり、塩をロワール川上流域に運ぶなど、ヨーロッパ域内に主たる販路を築いていたが、折からの西欧列強による植民地獲得競争に乗って、ナントは域外への植民地貿易の体制を新たに確立した。一六三〇年代に相次いで植民地化されたカリブ海地域からサトウキビを輸入し、北ヨーロッパへと輸出する。

その後もフランスは各国と争いながら植民地を拡大し、現在のセネガルをはじめアフリカ大陸各地に拠点を持ったことで、ナントはあらたな輸出品をそこに見出す。コートディヴォワールの国名が象牙海岸を意味するフランス語であることからも、また現在のアフリカ諸国にフランス語を公用語とする国が多い点でも、フランスの活発な植民地政策とその内容の一端がおわかりだと思う。

そして、それらに輪をかけて悪名高いのが奴隷貿易である。奴隷はアフリカから帆船の中にギュウギュウに詰め込まれて運ばれた。最大で六〇〇人を〝載せた〟記録もあり、奴隷た

図80　奴隷船で使用された鎖、18世紀、ナント歴史博物館（ブルターニュ大公城）

実際に使用されたもの。同博物館には奴隷貿易に関する資料展示も非常に多く、ナントの負の歴史も隠すことなく学びの対象としている点は評価に値する。

ちはお互いを鎖でつながれ、まったく身動きのできない状態で並べられた。航海の間は食料も与えられず、時おり水をひしゃくでかけられるのみで、便や尿もそのままの状態で放置された。衛生環境も栄養状態も劣悪なため、当然の結果として帰港前に約一割もの奴隷が命を落とした。しかしそれでも奴隷売買は利益率の高い商売だった。

こうして、サトウキビと奴隷と、繊維その他を三点の経由地で順番に積み下ろしする「三角貿易」によって、ナントは莫大な富を得る。ル・アーヴルやボルドーなどのフランスの伝統的な港をおさえ、一七世紀末にナントはフランス王国一の貿易港となった。

しかし、そうしたおこないの報いを受けるかのように、次の一八世紀になると風向きが急変する。ルイ一五世の時代にフランスは海外領土のほとんどを失い、大革命後には奴隷売買そのものが人道的見地からも廃止された。他の列強のほぼすべてを敵にまわしたナポレオン戦争のあいだ、大陸封鎖によって供給が止まったサトウキビに代わって、てんさいからも砂糖が作られるようになったため、ナポレオン失脚後もサトウキビの需要は減ったままとなる。さらに決定的だったのは、長年の堆積によって川底が上がり、川幅も狭くなり、河口がさらに大西洋側に後退したことだ。そこへ、技術の向上にともなう艦船の大型化が追い討ちをかけた。水深が浅くなったナントの港は、かつての優位性を失ってしまった。

　石油が招いた炭鉱町の没落と同じような光景が、そのまま一九世紀以降のナントで見られた。市の中央部にある中州（イル・ド・ナント＝ナント島）で広大な面積を占めていたのは造船所と港湾施設だったが、かつての賑《にぎ》わいが嘘のように閑散となり、一九八七年に最後の一隻が進水してからは操業を停止していた。

　しかしナントはここから見事な復活をとげるのである。それも、現代アートを中心とする文化を核とする方策でだ。今でこそ「アートで街おこし」の例を日本各地でも見ることができるが、当時はまだまだ珍しかった。

　その萌芽はすでに一九世紀末のナントに見出せる。今日でもフランスのみならずヨーロッパ各地のスーパーで見かけるＬＵ（ルフェーヴル＝ユティル）社のビスケットは、一八四六年にナントで創業した企業の看板商品である。

図 81　リュー・ユニーク
LU 社の旧社屋で、現在はアート複合施設。かつては塔も 2 基あったが、現在は写真にある 1 基のみ。内部には劇場やブティック、書店やスパなどが入っている。

　同社ははやくから製品のパッケージに新進のデザイナーを起用し、万博に出店する際には多色刷りで目立つポスターを制作するなど、広告にデザインを積極的に利用した。同社のデザインを担当したなかにはアルフォンス・ミュシャもいる。大女優サラ・ベルナールも同社の宣伝キャンペーンに参加したひとりである。美術への投資は広報活動の規模を超え、企業メセナのはしりとなった。同社は現在海外企業に買収されているが、この伝統をたたえるかのように、旧社屋の一部はそのままアート複合施設「リュー・ユニーク」として生まれ変わってナントに生き続けている。そしてこのメセナ精神はナントがアートで生まれ変わる際の土壌となったに違いない。

　一九八九年に市長となったジャン＝マルク・エローはそれ以降二三年間も務めることになるが、就任当初は市の財政も危機的状況にあった。「限られた予算でどのように都市の存在感を高めるかを考えると、文化への投資はその少ない投資額に対して見返りが大きい」（エローによる二〇一七年の回想、ヴァンソン藤井由実訳）と判断した彼は、現代アートをとりこむ政策を矢継ぎ早に打っていき、二〇一四年から市長となったジョアンナ・ローランに引き継がれた。

なかでも目玉は旧造船所を中心とするナント島の再開発である。対象地域の都市デザインのコンペがおこなわれ、二〇〇〇年に都市プランナーを決定したが、その内容が凄い。単体の建物のデザインやその配置にとどまらず、計画は公共交通網から上下水道ネットワークの配備まで、さらには商業地区や居住地区ほか各種の区分けなどを含む、壮大な都市プランニングと言ってよい。もちろん、環境への配慮のための緑地割合や美観のための高さ制限や壁面後退などのこまかなルール作りもおこなわれた。彼らプランナーは建築や土木、美術や法律などさまざまな関連分野から選ばれた専門チームであり、「マスターアーバニスト」と呼ばれる。高い専門性と重い責任をもって壮大な事業に取り組む彼らに対する報酬も高く、チーム全体への報酬は総事業費の一割ほどにおよんだ。このあたりの経緯はヴァンソン藤井由実による『フランスのウォーカブルシティ』（学芸出版社）に詳しい。

今日のナントは、歩くだけでも楽しい街だ。ここ出身の作家ジュール・ヴェルヌによる

『海底二万マイル』の世界をテーマにしたメリーゴーラウンドや、巨大な機械仕掛けの象の背中に乗るのも良いだろう。緑と水に囲まれた、ユニークなデザインの居住区を見て回るだけでも、なんとなく気分が晴れやかになるものだ。そして今もナントではどこかしら再開発が続けられており、これからも変化は続く。

パリのエッフェル塔やルーヴル美術館のガラスのピラミッドなどが示すように、新しいものは必ず批判を浴びるが、時の経過とともにいつしか古いものと融合していくものだ。長い歴史を感じさせる遺産を大事にしながら、大胆に新しい改革を加えて魅力を増していくフランス。そこからは、私たちが住む日本も学べることがありそうだ。

図 82　マシーン・ド・リル

「ナント島の機械」の名で、ヴェルヌの世界の「海のメリーゴーラウンド」のまわりの広場を、背中に 20 人ほどの客をのせた機械仕掛けの象がゆっくりと歩き回る。鼻から時おりシャワーを噴出し、そのたびに子供たちがキャアキャア逃げ回る。造船所の廃材を使って造られており、観光の目玉のひとつになっている。

図 83　ナント島の居住地区の一角

再開発地域の居住地区には、さまざまなデザインによるアパルトマンが建ち並ぶ。

歴史の断片

Chapter 3

黒い死に覆われた街 —— Marseille（マルセイユ）

一四日に突然ひとりが亡くなったあと、街のあちらこちらで同じ症状の病人が大勢いることがわかった。そのうち数家族が衛生局に連れていかれたため、病の発生を知った人々で街は大騒ぎになった。食べるものも着るものもなく田舎から出てきていた人々は、何か食べるものをもらえるのだろうと急いでそこへ逃げ込んだ。——ジロー神父による記録、Ms.1411. マルセイユ図書館（筆者訳）

一七一九年七月、ジャン・シャトー有する大型船グラン＝サン＝タントワーヌ号が、積み荷を載せてマルセイユから東地中海へ向けて出航した。船はエーゲ海の島やシリアなど各地に寄港しながら、絹や綿、インド更紗やロシア産の羊毛などを積み込んでいった。それらは翌年七月に開かれるボケールの市で販売される予定の商品だった。

長い航海のうちに年が明けた。四月三日、船はリビアのトリポリからキプロス島へ向けて出航したが、その際、積み荷だけでなく一四人の一般の客を乗せていた。二日後、船上でその乗客のひとりが亡くなっているのが見つかる。そしてその月の終わりまでに、四人の水夫と、彼らの治療にあたっていた同行医師まで死亡した。五月半ばにあらたに三人。そして五月二五日、船はマルセイユへ戻ってきた。

港での積み荷おろしをしている間にも、ひとりの水夫が亡くなる。続いて、帰港後に船を管理する役人が死亡した。そこからの感染拡大の勢いはすさまじい。翌六月のひと月で、港に近い区域で一〇人ほどが急死する。そして彼らの腿《もも》の付け根には黒紫色の腫れが見つかった。衛生局の医師がペストと診断し、急いで報告をあげたが、その時には船の残りの水夫や乗客は全員がすでに街中に散らばってしまっていた。冒頭で紹介した文章は、当時の状況をことこまかに記録したジロー神父による、一七二一年七月一四日の記述である。彼の記録のおかげで、当時のマルセイユが置かれていた状況をつぶさに知ることができる。

マルセイユはフランスの地中海側の玄関口であるため、昔から貿易だけでなく、戦争や時にはこうして病までがここを入口としてフランスへと広がっていった。

長い歴史をもつ大都市にはありがちだが、マルセイユの街の始まりも伝説と化している。もともとリグーリア人（現在のジェノヴァを中心とした民族）の王の版図だったところへ、フオカイア人（現在のトルコに住んでいたギリシア系民族）の船団がやってくる。王にはジプティスという娘がいて、戦士たちは皆彼女を自分の妻にすることを望んでいた。リグーリアには、宴で娘から杯を受け取った男が夫となるという習慣があった。そして宴の途中に船団の男たちが入ってくる。ジプティスはただの歓迎のつもりで船団長プロティスに杯を差し出した。しかし、これでふたりは夫婦となった。王は娘に持参金としてある海沿いの丘を与えた。これがマルセイユの始まりである。

他愛もない伝説だが、異邦人がやってきて街の礎となる点は、太古の昔から貿易港として人種のるつぼであったマルセイユには相応《ふさわ》しい。地中海のギリシア系諸都市と交易して豊かになったこの街は、内陸のガリア人から何度も狙われ、フランク人

図 84　マルセイユ港
港湾の中はヴュー・ポルト（旧港）と呼ばれ、ヨットなどが係留されている。大型船が着く新港は市の北側にある。写真はサン・ジャン要塞側から、反対側を眺めたところ。右側にある大きな要塞がサン・ニコラ要塞で、左上に見えるのがノートルダム・ド・ラ・ギャルド（守護の聖母）聖堂で、標高 162 メートルの丘の上に建っている。

図 85　サン＝ヴィクトール教会、クリプタ

サン＝ヴィクトールは 3 世紀の殉教者であるマルセイユの聖ヴィクトールに捧げられた 5 世紀の教会で、上部構造は 11 世紀のものだが、地下には 5 世紀以来の遺構がある。中世に書かれたヤコブス・デ・ウォラギネによる『黄金伝説』に、マグダラのマリアがマッシリア（マルセイユ）に逃げたと書かれており、この古き伝承によって本クリプタでも同聖女が祀られている。

とラテン人との間で争奪の対象となった。ローマ帝国領時代を経て、中世の間に街はますます拡大し、とりわけ十字軍遠征の時代には兵や資材を送り出す港として、ジェノヴァやヴェネツィアと覇権を競う国際港として活況を呈した。

　しかし、各地から入ってくる多くの商品や人に混じって、病もまたマルセイユに入ってくる。冒頭の記述は一七二〇年からのペストの大流行時のものだが、実はマルセイユにペストがやって来るのはそれが初めてではない。最初はおそらく五四三年に入ってきたと思われるが、詳細な記録はない。それまでにも中東地域や黒海沿岸部、アフリカ大陸では見られた病であり、旧約聖書にも登場する。そこでは神に従わず異教の神を信じた街を神が「はれもので打たれ」たとの記述がある。とくにモーセが神から授かった十戒の石板を入れていた「契約の箱」を盗んだ敵対民族の街アシドドを罰した「アシドドのペスト」の逸話はよく知られており、近代にいたるまで何度も絵画などの主題となっている。老いも若きも善悪も関係なく人々がランダムに死んでいくのを見て、ペストは堕落した人類に対して神が放った怒りの矢ととらえられた。

詳細な記録が残る、最初のペストのヨーロッパ上陸は一三四七年のことだ。

> それに感染した者は、だれでも全身に刺すような苦痛を覚えた。（…）レンズ豆大の腫れ物が、腿や上腕にできる。それは全身にうつり、病人が激しく血を吐くまで侵す。この喀血は丸三日間続き、病人はついに回復することなく息を引き取る。――フランチェスコ会士ミケーレ・ディ・ピアッツァによる回想録（蔵持不三也訳）

一三四七年一〇月のはじめに、一二隻からなるガレー船団がシチリア島のメッシーナに入港した。乗っていたのはジェノヴァの船乗りたちで、黒海沿岸部での交易を終えてコンスタンティノポリス（現在のイスタンブール）から出発し、地中海を横断して祖国へ戻ろうとしていた。その洋上でペストが発生する。紹介したのは、乗船していた修道士が一〇年後に書いた記録である。

船団が水や食料の補給のために各地に寄っている間に水夫たちが次から次へと死んでいき、とうとう三隻に減ってしまう。立ち寄った港ではペストが発生し、その騒ぎはジェノヴァにまで聞こえてきた。ジェノヴァ政府は無情にも祖国への帰港を拒否し、船団は仕方なくマルセイユ港へと入った。まだ情報が街まで届いておらず、またそこにジェノヴァ市民がコミュニティを作っていたからである。不運なマルセイユでペストが発生。そこから南フランスへ、そして全欧州へと病禍は一気に広がり始めた。

歴史的なこの病禍は通常、腺ペストのことを指す。もともとはネズミなどのげっ歯類の病気だが、その血を吸ったノミが人を刺す時に、胃から逆流した内容物を人体に注入するのが主たる感染原因である。二日から一週間程度で高熱を発し、主として太腿の付け根のリンパ腺が腫れあがる。このみみずばれが当時は死のサインであり、ペスト患者を治療して自らも

図 86　マルセイユ歴史博物館、前庭（旧港湾遺跡）
旧港の付け根にあるマルセイユ歴史博物館は、かつて海岸線だった場所にある。そのため前庭では、当時の船の係留所や荷下ろしの設備などが発掘されている。左側の芝生部分が、昔は湾の水があったところ。館内には、出土した船の底板などがほぼ完全な形で展示されている。

図 87　〈1720 年、マルセイユのペスト〉、18 世紀前半、マルセイユ歴史博物館
当時の状況を記録するために、数多く制作された版画の一点。左端では穴の中に遺体を放り込んでいる。

図 88　イフ島とイフ城
マルセイユ湾から少しだけ沖合に行ったところにあるイフ島には、大デュマ（子の小デュマとの区別、デュマ・ペールとも）の『モンテ・クリスト伯』（日本では初訳時の『巌窟王』の名で有名）で、伯爵が無実の罪で 14 年も拘留される牢獄のモデルとしたイフ城がある。「岩の上には、暗澹たるイフの城塞がそびえていた。その怪奇な姿、周囲に深い恐怖を漂わしたこの牢獄、三百年来、陰惨な伝説によってマルセイユを有名にしてきたこの城塞は、（…）ちょうど断頭台を見たときの死刑囚のような気持を起こさせた」。――アレクサンドル・デュマ、『モンテ・クリスト伯』より（山内義雄訳）

罹患した聖ロクスを描いた絵などでは、聖人は太腿にできた黒紫色の腫れを必ず見せている。この斑点の色をもって、この病は「黒死病」とも呼ばれる。抗生物質もなく、衛生環境も劣悪だった当時のヨーロッパを、黒死病は無人の野を行くがごとく、わがもの顔で荒らしまわった。

続く一三四八年にはアルプスを越え、その翌年にはスイスとフランスの全土、およびドイツの南半分に広がる。そして一三五〇年には北海と大西洋沿岸にそれぞれ達し、その後約三年間にわたってヨーロッパで甚大な被害を出し、それから五年ほどかけてゆっくりと下火になっていった。諸説あるが、一四世紀の大流行でおよそ二〇〇〇万から二五〇〇万人の命が奪われたと推定されている。三人か四人に一人がある日いきなり発症し、そのうち約八割が黒く腐って死んでいく計算になる。この後、ヨーロッパはペスト流行前の人口水準に戻るまで約四〇〇年を必要とした。

図 89　イフ城、モンテ・クリスト伯の独房

小説のなかで伯爵が収監されていた牢屋のモデルとなった部屋。正方形をしたイフの城塞は、港湾防衛のために16世紀前半に建造され、平時には実際に刑務所として使用されていた。孤島とあって脱獄が難しく、そのため重度犯罪者や政治犯が収監された。

科学に裏付けされた治療法はまだなかった。なにしろ、ペスト菌は日本の北里柴三郎が一八九四年に発見するまでその存在すら知られていなかったのだ。そのため、懺悔をして祈りながら聖水をふりかけられることがまずは主たる対処法だった。前述した通り、ペストが神罰とみなされていたからである。そして、人から人へうつることもわかっていたので、接触をさけ、さらには悪い空気が病を運んでこないようにマスクをつけ、空気を清浄化すると信じられていたハーブがその中に詰められた。

長い鼻をもつ悪魔のような仮面をヴェネツィアのカーニバルなどでご存知の方もいると思うが、あれはもともとペスト患者の往診に向かう医師のいでたちを基にしている。患部に直接触れないよう厚い革手袋をはめ、そのうえ触診のかわりをするための細い棒を持っているのもそのためだ。香を焚いたり、はてはハーブをそのまま食べることがほとんど唯一の予防法とされていたのは、一七二〇年時点でも変わっていない。

私たちはその土地のハーブをほとんど食べ尽くしていたので、残っていた小さな束を市場で高値で売りました。ところが、ハーブを燃やした火もあらゆる香水も、なんら効果がないのを見て、私たちは幻滅してそれらのことをやめてしまいました。対処する方

法はなにもありませんでした。――ジロー神父による記録より（筆者訳）

マルセイユでの爆発的なペストの伝染を見て、この地方を統括する高等法院は次のような裁決を下している。

マルセイユ人が市域からでること、全プロヴァンス都市と地方の住民がマルセイユ人と連絡をとり、迎えること、らば引きや運送業者や他の者がどんな理由と口実であれ、そこに行くことの禁止である。違反者は死刑に処する。――エクス＝アン＝プロヴァンスの高等法院での一八七一年七月三一日の裁決（宮崎揚弘、工藤則光訳）

恐怖にかられた他の街の住人たちも、自分たちに被害が及ばないよう必死である。わざわざ八八〇〇もの兵が市壁の監視のために派遣された。一方のマルセイユは、すべてのコンタクトや支援を絶たれ、絶望のなかにいた。隔離状態の街中では、数えきれないほどの死者が出て、どこどこに穴を掘って遺体を投げ込んだ、といった記録ばかりが続く。この街に災禍をもたらしたグラン＝サン＝タントワーヌ号には火がつけられ、海の底深くに沈められた。

一七一六年の人口調査で、マルセイユには約八万九千人が住んでいた。それが、一七二一年までの大流行のあいだに判明しているだけで三万一三九名の死者を出した。約三人に一人という恐ろしい被害である。一日あたり二〇〇人ほどが黒変していくなか、病はこんどもまたさしたる理由もなく沈静化していった。まるで、宿主を根絶やしにしてはまずいと自制したかのように。一七二三年二月、市門の警戒はようやく解かれた。

この時の記憶がよほどに強く残っているのか、マルセイユには一七二〇年のペストにまつわる記録や資料の展示、芸術作品が多く残されている。マルセイユ歴史博物館ではそうした貴重な史料を見ることができ、近年のコロナ禍に際しては多くの教訓が生かされたと伝えられる。

いまだ謎の巨石群 ── Carnac（カルナック）

ナントから大西洋へ向かって車で約二時間で、ブルターニュ地方で西へ突き出た半島の付け根に着く。そこからは荒々しく入り組んだ海岸線に波が打ち寄せる様を見ながら北西へと進む。しばらくすると、巨大な石がゴロンゴロンと転がっている不思議な景色があらわれる。カルナック列石群である。

ラテン人やケルト系のブルトン人が入ってくるまで、この地域にケルト系ガリア人が住んでいたことはすでに触れたが、カルナック列石群は彼らが新石器時代の紀元前五〇〇〇年には文明を築いていたことの証左である。さらにさかのぼるなら、旧石器時代にあたる四五万年前のはるか昔から、この地にホモ・エレクトゥスが住んでいたことが、彼らが（着火用ではなく斧として）使っていた火打石（フリントストーン）の破片などによって確かめられている。

石の呼び方には幾つかあって、ギリシア語で「大きな石」を意味する語から作られた「メガリス」が「巨石」の意味で用いられる。このうち、細長い形状のものを「メンヒル」と呼ぶが、これはそのまま「長い石」を意味するブルトン語である。また、単独でひとつだけあるメガリスのことを特に「モノリス」と呼ぶが、これは映画「二〇〇一年宇宙の旅」などで日本でもお馴染みの用語となっている。ただしこれらの語の使い分けは厳密なものではない。さらに、墓室を覆うように水平方向に寝かされたメンヒルが幾つか組み合わされた遺跡があるが、これを「石の卓」を指すブルトン語を用いて「ドルメン」と呼んでいる。ちなみにカルナックの名の由来には諸説あるが、ケルト語で杭や塚を意味する「カルン」がブルトン語の「カーン」（石の山）となり、そこから転じたカルナグの名がブルトン人の間で定着したと考えられている。

　カルナック全域で、小サイズのものを除いても約二八〇〇体のメガリスが存在する。これが幾つかのグループに分かれてまとまっている。主要なグループを西から順に挙げると、約一二〇〇体からなるル・メネック列石、約一〇〇〇体のケルマリオ列石、そして六〇〇体ほどのケルレスカン列石である。このうち、ル・メネックを例にとると、東西方向に約一キロの長方形のなかに、メガリスが一一の列を作って並んでいる。サイズは大小さまざまで、大きなものになると高さ三メートルを超える。それらは紀元前四〇〇〇年頃から約二千年間に

図 90　カルナック列石群、ケルマリオ列石グループ
ケルマリオ列石グループの西端からの眺め。右奥に向かってメガリスの列が続く。手前中央のメガリスで高さ約三メートル。

わたって並べられたと推定されている。

これら主要な三地区のほかにも、小グループがちらほら存在し、ケルレスカン列石から少し離れたところにポッンと高さ六メートルものモノリスが立っていて、「マニオの巨人」と呼ばれている。エジプトのピラミッドやイースター島のモアイなどと同様に、カルナックでもどうやって運び、いかにして立てたかの正確な方法はわかっていないが、これらの巨石をひとつ掘り出し、運んで来て立てて並べるには大変な労力を必要としたはずだ。そして、その作業が二八〇〇〇回も繰り返されたのだ。

図 91　カルナック列石群、ケルモー風車からの眺め
メガリスの列が何本か並んでいる。ケルマリオ列石グループの東寄りに、かつて風車だった建物を改修した展望台がある。列石群は地面から見ても全体の様子がわからないので、上から眺めることのできる施設はありがたい。

図 92　カルナック列石群、マニオの巨人
諸説入り乱れて侃々諤々の状態を笑うように、19 世紀の作家ギュスターヴ・フロベールは「私の説はこうだ、カルナックの石は大きな石！」と書いている。

いったい誰が、何のために――。
とても人間がやったこととは思えなかったのだろう、これらの石たちは海からひとりでに浮き上がり、空を飛んでやって来たのだとの伝説が生まれた。

図 93　サン＝ミシェル古墳

列石群からやや離れたところにあるこの古墳は、カルナックで最も古い遺跡であり、およそ紀元前 5000 年頃から 3500 年頃にかけて造られた。つまりエジプトのピラミッドよりも古い時代のものである。楕円形のプランを持つ高さ 12 メートルほどの円錐で、楕円の長直径が 120 メートルを超える、ヨーロッパ最大の古墳のひとつ。

わからないものに対しては、このように神話や伝承がつくられる。カルナックにまつわる代表的な神話は、聖コルネリウスに関するものである。

　三世紀の実在の人物である聖コルネリウスは、二五一年から二年間ほどローマ教皇の座にあった。まだキリスト教が公認される前であり、彼もローマの軍人皇帝トレボニアウスによる迫害をうけ、ローマから追放されてそ

図 94　サン＝ミシェル礼拝堂、サン＝ミシェル古墳
古墳の頂に 6 世紀頃に建てられていた遺構の上に、1926 年に建てられた礼拝堂。正面扉を背にして立つと大西洋が見える。20 世紀初めにおこなわれた古墳の発掘によって、墓室から石でできた装飾品や斧などの副葬品が発見され、現在は博物館におさめられている。

の近郊で殉教している。列石群の伝説では、この人物が逃亡中にブルターニュの海岸まで来たというのだ。兵士たちが迫ってきたのに、運悪く海岸には船が見あたらない。そこで彼は追手の方を振り返り、兵たちを皆石に変えてしまった。軍隊であれば列を作って整然と進軍するので、石が列を作っていることも説明できる上手いやり方だ。

ほかにも、これらの石はすべてガリア人の墓だとする古い言い伝えがあり、一九六〇年頃まで周辺地域の子供たちの童謡の歌詞にもなっていた。あるいは、ガリアの王が宝物を隠すために、多くの石のなかのひとつの下に箱を埋めているとの伝承もある。さしずめソロモンの秘宝や徳川埋蔵金といったところだ。さらには、ある老人がその石を探し当てようと、大きな石にまじないをかけて山の上から転がした。その石が当たって倒れた下に財宝があるはずだ。はたして石は別の石にぶつかって止まった。首尾よく倒れたのだが、しかし財宝は空に飛んで行ってしまった。

人間の想像力は尽きない。モノリスに関しては、とりわけ背が高かった若者が石に変えられた姿という言い伝えがある。彼は夜に泣くので、その声が列石群の丘に響くという。風が岩にあたってヒューヒューと音を立てることから作られた話だろうか。ほかにも、ある男は夜になると石に変わるために丘までやって来るといったヴァージョンもある。ドルメンには妖精ゴブリンたちが住んでいて、石の間を走るその姿を見た者がいる、などなど。どれかが本当だったら楽しいのに。

列石群が作られた理由を、研究者たちもまだ特定できていない。数から考えると墓と見るのが妥当そうだが、それならドルメン以外のメガリスの下に、それぞれ人骨があった痕跡さえないのは不思議だ。もしくは、古代世界に特徴的な、豊穣の祈りや収穫の神への感謝のしるしなのかもしれない。石の多さを説明しづらい気はするが、ガリア人のドルイド僧の神殿

図 95　キベロンの海岸とテュルポー城

列石群から 10 キロほどで、大西洋に突き出たキベロンの海岸に出る。右に見えているのは 1910 年に建てられたテュルポー城で、絶景を楽しめるホテルとして人気がある。ブルターニュ地方の海岸線は、波が形作った奇岩も多く、画家たちの格好のモチーフとなってきた。

とする説にはかなりの支持がある。あるいは、同じく巨石遺跡であるストーンヘンジなどで言われるように、種蒔きや収穫の時期を知るために太陽の位置をはかる天文学的な装置と考える者もいる。ただ個人的には、研究者の姿勢としては正しくないかもしれないが、現代に生きる私たちにもわからないものが幾つか残されているのは、むしろ素敵なことではなかろうか。

青色の世紀 ── Toulouse（トゥールーズ）

古来、西洋では青色が珍重された。絵画に用いられる最も美しい青色はラピスラズリを砕いて作られたが、この半貴石は紀元前の頃よりはるかアフガニスタンから運ばれていたため、非常に高価だった。濃く深い紺色のなかに、黄鉄鉱の微細な粒子がまるで金のように輝く。それは夜空に煌《きら》めく星々をも思わせ、画家たちと観る者を魅了した。その稀少性と運搬にかかるコストから、一時期は同じ重さの金の倍もの値段で取り引きされた。

面白いもので、高価なことがその色の高貴さのイメージに直結するため、聖母マリアのドレスが常に紺色である要因のひとつとなっている。このあたり、東洋で紫色が高貴な色とされた事情とよく似ている。特に発色の良い紫である貝紫は、古くはビザンチンから中国にもたらされていた。稀少性が高いこの色は、東洋の各地域で高貴なイメージを獲得し、日本でも聖徳太子が制定した冠位十二階の最上位の冠には紫色が用いられた。

こうした理由により、布を染める青色も望まれたが、ラピスラズリや塩基性炭酸銅のアズライトのような鉱物はこの用途には不向きである。中国ではタデ科イヌタデ属の植物である藍（蓼《たで》藍）が早くから用いられ、日本にも六世紀頃に伝えられた。特産地としては現在の徳島県が代表的で、特に江戸時代に阿波藍として広く知られていた。またインドでは、古くからマメ科コマツナギ属の植物から作られるインド藍が染料として用いられた。これがいわゆるインディゴで、一九〇〇年頃に登場する合成インディゴと区別するため天然インディゴとも呼ばれる。

インドからエジプトやギリシア、ローマ、そして中国や日本へと輸出され、古代世界ですでに広範囲で用いられたが、いずれにしろ運搬コストがかかるため非常に高価であり、供給量も限られていた。日本の絵画にもこれら蓼藍やインド藍が用いられたが、一八世紀なかばからはプルシャンブルー（ペルシャの青、の意）が輸入され始める。発色の鮮やかさを特徴とする錦絵の絵師たち、なかでも葛飾北斎らはベロ藍と呼ばれたこの顔料を愛用している。

一方、ヨーロッパで輸入品ではない自前の青色染料として古くから知られていたのは、また別の植物である。

　ブリタンニー人はみな大青《タイセイ》で身体を染め、青い色なので、戦闘では恐ろしいものに見

える。髪をのばし、頭と上唇の他は全身を剃っている。——ユリウス・カエサル、『ガリア戦記』より（近山金次訳）

カエサルが紀元前五四年頃にガリア奥地まで攻め入り、ブルトン人と交戦した時の記録である。彼の戦記はただの戦争記録にとどまらず、各地で見知った風習や文化までが詳細に記されており、貴重な歴史資料となっている。引用文中の「大青」の原文は「Vitrum」であり、これがヨーロッパで自前の青色染料として用いられた「ホソバタイセイ（細葉大青）」を指す。アブラナ科タイセイ属の植物で、枝分かれした先端に黄色い小さな花を沢山咲かせるさまはミモザ（マメ科アカシア属のほう）とよく似ている。

図 96　サン＝セルナン・バシリカ聖堂
トゥールーズはフランスからイベリア半島へ向かう途上にあるため、中世にはサンチャゴ・デ・コンポステーラへの巡礼路の一大経由地となった。なかでも 11 世紀末に着工された由緒あるサン＝セルナン・バシリカ（バシリカ）聖堂は、最終巡礼地を上回るほどの数の巡礼者を集めた。奥行 150 メートルにもなる、フランス最大のロマネスク教会である。

フランス語では「Pastel des teinturies」と表記する。「染料パステル」の意味である。

パステルというと、画材としてのパステルを思い浮かべる方も多いと思う。四角く棒状に固めた画材のことで、顔料と水性のメディウム（媒材）を練り固めたものを指す。いわゆるクレヨンはこの仲間で、油脂や蠟などをメディウムとして用いているため油性パステルとも呼ばれる。ちなみに、小さい頃にお絵描きで愛用なさった方も多いと思われるクレパスは、あるメーカーが製造するクレヨンの商品名である。

なお、蠟を混合してパステルを作る方法を最初に記述したのはレオナルド・ダ・ヴィンチである。少量の蠟を混ぜて熱し、水分を飛ばして固めることで「そのまま使える棒状の絵具」ができると記しており、いつもながら彼が最初にやったことや記したことの多さに驚かされる。画材としては一八世紀に広く普及し、ジャン＝バティスト＝シメオン・シャルダンなどが作品を残している。しかし、鉛白などを固めたものをそのまま握って描くので有害な面もあったはずだ。

パステルの語は、練り固めることを意味するフランス語のパテに由来する。つまりパテやイタリアのパスタといった料理用語と語源を同じくしている。染料として用いるために、ホソバタイセイの葉を粉砕してペースト状にし、それを発酵乾燥させたことに由来する。

カエサルの記述でわかる通り、古代ブルターニュでは入れ墨（刺青）にこの青色を用いていた。アルル近郊の新石器時代の洞窟からその痕跡が発見されており、フランスでは古くからホソバタイセイを原料とする染料パステルが生産されていたことを示している。その後、ヨーロッパ各地で栽培されるようになったが、特にフランス南部の温暖な気候がこの植物に適していたために生産の中心地となった。なかでも、その恩恵を最も受けたのがトゥールーズの街である。

図 97　トゥールーズのパステル店のショーウィンドウから

右に染料、手前中央にパステルで染められた布による商品、左にあるのはパステルで染められたロウソク。

南フランスの主要都市トゥールーズは、スペインとの国境にあるピレネー山脈から流れてくるガロンヌ川沿いに位置する。フランスからスペインへと向かう道と、地中海から大西洋へ横断する道とが交差する要衝にあるため、古代から宿駅

図 98　ジャコバン修道院（ドメニコ会修道院）
聖ドミニクスが設立したドメニコ修道会による、最初期の修道院のひとつ。なおジャコバンの名は、パリの同会修道院がサン・ジャック通りに建てられたことに由来する。トゥールーズのジャコバン修道院は 1230 年に着工され、中央に柱列を持ち、ヤシの木のように放射状にオジーブ（補強アーチ）が天井面を這う、非常に特徴的な構造をしている。主祭壇の下には『神学大全』を著したドメニコ会士トマス・アクィナスの棺がある。ここで毎年開かれるピアノ・フェスティバルも有名。

として発展した。

　中世のあいだの南フランスは自治領的な領邦国家の地であり、トゥールーズにも伯領の宮廷が置かれていた。その後、アルビジョワ十字軍（カルカッソンヌの節で詳述）による混乱期を経て、一四世紀にはフランスでも五指に入る規模の街となっている。ただ同世紀半ばからはペストによる打撃をうけて、街はいったん縮小し、やや貧しい時期を送っている。そこからトゥールーズが息を吹き返したのは、ひとえにパステルのおかげである。

それまでもトゥールーズとカルカッソンヌ、アルビの三都市をむすぶ、ローラゲと呼ばれる三角地帯でパステルは生産されていたが、目立って生産量と輸出量が増えたのは一五世紀の終わり頃である。当時の貿易は陸路ではなく水路を主力とするため、海から離れたトゥールーズはガロンヌ川を使い、ボルドーを経由してはるか大西洋へと船を送った。後には全長二〇〇キロメートル以上ものミディ運河が開通して、地中海に出る水路もできたが、これは一七世紀後半のことだ。

図 99　ジャコバン修道院、鐘楼

修道院の回廊から眺めたところ。1298 年建造の八角形プランの塔で、周囲にガーゴイルがニョキニョキと突き出ている。

パステルを一大産業にまで育てた大商家の名もいくつか残っている。そのひとつユダヤ系のベルニュイ家はもともとイベリア半島のアビラにいたが、同地のユダヤ人迫害を避けてトゥールーズに移り住んだ。

家業をパステルと定めて以降は、広大な農園を確保して生産量を高め、ボルドーに支店を置いてそこからスペインやイギリスへと販路を拡げている。なかでも一四七五年頃に生まれたジャン・ド・ベルニュイはトゥールーズのキャピトル（参事、かつてのコンスルに由来し、ほぼ市長に相当）に就いて権勢をほこった。その富はヨーロッパ有数の規模となり、神聖ローマ皇帝軍との戦いでフランス王フランソワ一世が敗れて捕虜となった時、保釈のための身代金の大半を負担したのがジャンだと考えられている。

同家にやや遅れて登場し、彼らと並ぶ大商人となったのが、一五一五年頃にトゥールーズで生まれたピエール・ダセザである。彼はスペインやイギリスに加えて、フランドル地方のアントウェルペンに支店をかまえ、そこからさらに各地へと顧客を広げていった。彼は毎年千トンを上回る量のパステルを送り出した。一五五〇年頃に街は最盛期を迎え、人口も五万を突破し、さらにヨーロッパでも有数の規模となっていた大学には、学生と教職員を合わせて一万人以上が集っていた。

図 100　アセザ館
邸館は 1761 年にアセザ家から売りに出され、幾人かの所有者を経たあと、現在はバンベルク財団によって、美術愛好家ジョルジュ・バンベルクの美術コレクションが展示されている。

ピエールもやはりキャピトルを二度務めており、騎士身分に叙せられて貴族の仲間入りをしている。その名はオテル・ダセザ（アセザ館）という華麗な邸館によって今日でもよく知られている。一五五五年から八年をかけて建造されたこの邸館は、南フランスの古典主義を牽引した建築家ニコラ・バシュリエの作で、建築家にとっての代表作でもある。

しかしこの地方を度々襲う宗教対立の災禍はピエールの身にもふりかかる。プロテスタントの彼は、何度か捕まり、追放され、この邸館を含む資産を没収されたことがある。その後一五七二年に改宗し、莫大な保釈金を支払うことで許された。彼はようやくこの屋敷に住むことができ、そのまま一五八一年に自邸で亡くなった。

しかし、その頃にはすでにトゥールーズに暗雲がたちこめていた。一五六二年、ヨーロッパにインドからインディゴがやって来たのだ。これをもたらしたのは大航海時代である。マジェラン（マゼラン）が世界周航の旅に出たのはようやく一五一九年のことだったが、そこからの地理上の発見のスピードは速く、一五四三年にはポルトガルの船が種子島に到達して鉄砲が伝えられている。東南アジアの胡椒を中心にさまざまな品物がアフリカ大陸の南端をまわってもたらされたが、そのひとつがインディゴだった。

一五六三年からは定期的にインディゴが運ばれるようになり、ロンドンをはじめ各地の市場では、より安価なインド産インディゴが青色染料の主力となっていく。

こうして、莫大な富をトゥールーズにもたらしたパステルの需要は急速に落ち込んでいった。青色による栄華はわずか百年足らずで終わった。

図 101　市庁舎
18 世紀の建造で、旧参事会の名からキャピトルと呼ばれている。

繰り返された脱出劇 —— Dunkerque（ダンケルク）

ダンケルクで見えるものは炎だけだ。敵機はひっきりなしに襲ってくる。我々の最期の時はそう遠くないだろう。それでも我々は連合軍の兵士たちを乗船させ続ける。私たちは最後に乗るつもりだ。——ある将校が一九四〇年六月二日に残したメモ、Jean-Charles Stasi, *Dunkerque 1940: Opération Dynamo*, Heimdal, 2017. より（筆者訳）

史上最大の救出作戦として知られるダンケルク海岸からの撤退戦「オペレーション・ダイナモ」は、一九四〇年五月二六日から六月三日にかけておこなわれた。

この九日間の間に、イギリス兵とフランス兵あわせて三四万人もの兵士が、北フランスの海岸からイギリスへの撤退に成功した。第二次世界大戦の戦局を左右した転換点のひとつとしてヨーロッパでは有名なものの、あまり日本では知られていなかったが、クリストファー・ノーランによる二〇一七年の映画「ダンケルク」によって認知度は高まったようだ。

図102　ダンケルクの砂浜
ベルギー方向の眺め。海岸のすぐ近くに戦争博物館（1940年ダイナモ・オペレーション資料館）があり、当時の詳細な記録と出土品が展示されている。

図103　1940年5月31日に撮影されたダンケルクの海岸
ラローズ撮影。出典：Jean-Charles Stasi, *Dunkerque 1940: Opération Dynamo,* Heimdal, 2017.

ナチス・ドイツのポーランドへの侵攻をうけて、フランスとイギリスがドイツに宣戦布告したのは一九三九年九月三日のこと。ダンケルクの撤退作戦からほぼ一年近く前にあたる。フランス政府ははやくも同じ日に、万が一に備えてルーヴル美術館からの主要美術品の疎開準備を始めている。同月末にはフランス軍は攻撃にそなえるべく、対ドイツ防衛の要塞線（マジノ線）に入って防備を固めた。第一次大戦の記憶もあたらしかったフランスは、ドイツとの来たるべき戦いを予想して、あらかじめドイツとの国境線近くに一四〇億フランもの巨費を投じて要塞防衛線を築いていたのだ。そして翌一〇月のあたまには、イギリス軍もベルギー国境に移動した。英仏両国ともドイツはベルギーへ侵攻するものとみて、イギリス軍が続々とフランスへと上陸し、ベルギー国境へと移動していった。海を渡ったイギリス兵の数は、開戦後の一ヶ月だけで一五万人を超えた。

　はじめは、ドイツ軍もベルギーへの侵攻を予定していた。大戦の序盤ではドイツはまだソ連との戦闘状態にはなく、西部戦線へ主戦力を集中しやすい状況にある。ソ連はドイツと不可侵条約を締結し、ポーランドをドイツと分け合ったあと、バルト三国を圧迫しつつ、さらにフィンランドへの侵攻を開始していた。ドイツは後顧《こうこ》の憂《うれ》いなく、「黄色作戦」と呼ばれる作戦計画にのっとって、ベルギーやルクセンブルクを通ってフランスへと侵攻する準備を進めていた。

ところが、ここで予期せぬアクシデントが発生する。年が明けてすぐの一九四〇年一月一〇日、ドイツ軍の作戦機密文書を載せたメッサーシュミット機が飛行中、エンジントラブルに見舞われる。同機は航行不能となり、機体を破損しながらもなんとか不時着に成功する。機には、操縦士のほかに連絡将校が乗っていた。

二人はあたりを見回り、出会った農民と接触してそこがベルギー領であることを知る。連絡将校は実は一週間後に予定されていたベルギーへの作戦行動文書を携えていたため、文書を機体ごと焼却しようと急いで機に取って返した。しかし、彼らがライターで着火を試みているうちに、不時着騒ぎを聞きつけたベルギー警察が到着した。ふたりは拘束され、文書は半分焼けたまま連合軍の手にわたった。

慌てたのはドイツ軍である。それからしばらく漏洩《ろうえい》した計画は偽のものと信じさせるための工作を試みる。反対にベルギー側も、作戦がうまく解読できなかったと敵を装いながら対策準備を進めるべきだと主張する者もいれば、ドイツ側の作戦にはまったのか、作戦そのものの信憑性《しんぴょうせい》を疑う者もいるなど、混乱をきわめた。結局、ドイツはいったんは不採用としたもうひとつの作戦への変更を決定する。ベルギーとフランスにそれぞれ真正面から入るのではなく、フランスとベルギー、ルクセンブルクにまたがる地帯に広がるアルデンヌの森へと進む「マンシュタイン計画」である。

一九四〇年五月、Ⅳ号戦車など当時の最先端の兵器を主力とするドイツ機甲師団はアルデンヌの森を突破する。マジノ要塞防衛線は待ちぼうけをくらってしまった。それどころか、ベルギーに集まっていた英仏連合軍は、オランダ経由で北からおりてくる敵軍と、先にベルギーの南国境ラインへ達してしまった敵軍との挟み撃ちに陥ったことに気が付いた。急いで連合軍は海岸線を伝って西へと逃げるが、ダンケルクの長大な浜辺まで来たところで、先回りした敵戦力によって完全に包囲されてしまった。ジリジリと機甲師団が包囲の輪を狭めてくるなか、空からはひっきりなしに爆撃機が爆弾の雨を降らせてくる。このままでは、英仏軍の主力が全滅に近い大打撃をこうむってしまう。

当時の写真には、ドイツ軍の爆撃によって沈没しかかった艦船や、そこから逃げる者を救出する場面、そして長い浜辺を埋め尽くす兵士たちの姿などが写っている。ダンケルクはベルギー国境から一五キロメートルほどしか離れていない、フランス最北端の街である。ダイナモ作戦の記念碑や戦争資料館があるので、ここが激戦の地であり、大撤退戦の舞台だったことを思い出させてくれるが、普段は美しい砂浜がゆるやかなカーヴを描きつつベルギー方

図 104　ジャン・バールの銅像
彼の功績をたたえて、1845 年に彫刻家ダヴィッド・ダンジェによるジャン・バールの銅像が建てられた。手にした海賊の剣を、敵対していたイングランドへ向けている。

面へのび、遊びに来た家族がのどかに遊んでいるような場所だ。かつて小さな漁村だった街は、遡ればおよそ千年ほどの歴史をもつ。そして徐々に発展するにつれて、フランス王とフランドル伯の間で、ついでフランス王とイングランド王との間で領有が争われる街となった。街は振り子のように両勢力の間を行き来する状態が長く続いた。

その過程で、街にはひとり、異色の経歴をもつ英雄が誕生している。ジャン・バールという海賊である。彼は一六五〇年にダンケルクで生まれた。家は代々水兵で、仕える国をあまり固定することなく、雇ってくれた主人のために軍船で戦う海の傭兵を生業《なりわい》としていた。祖先のなかにはスペインの無敵艦隊《アルマダ》でエリザベス一世女王の英海軍と戦った者もいる。

雇用関係がない時の彼らは海賊として活

動したが、複雑なことに無所属の海賊でも私掠船を駆って一国の海軍かのように行動することもあり、その行為によって国から褒賞を受けることがある。ジャンも一一歳から海に出て、一五歳の若さで海賊行為を始めた。

彼の戦歴は賑やかで、さまざまな主人に雇われては目覚ましい戦功をたてて名を上げていった。一六八九年からは正式にフランス王ルイ一四世と主従関係を結び、イングランドとオランダの商船や軍艦を拿捕《だほ》しては身代金をせしめるなどしている。そしてある時、彼を指揮官とする船団がダンケルクに停泊中、イングランドとオランダの連合艦隊が港を封鎖するために包囲網をしいた。その数、およそ四〇隻。危機的状況にあるかと思われたジャン・バールは、七隻のフリゲート艦による強行突破で包囲から脱出した。なんと、包囲されたダンケルクからの脱出の物語にはすでに先例があったのだ。

一六九四年、彼は長年の功績を認められて、ルイ一四世から騎士十字を授けられた。この太陽王は最大限の賛辞をもって彼をたたえた。その八年後、ジャンはダンケルクの自邸で五一歳で世を去った。彼は街のサンテロワ教会に埋葬され、街で最も大きな広場の真ん中に銅像が建てられた。

それから約二五〇年ののちに起きた、あらたなダンケルク包囲網からの脱出作戦は、感動的な結末を迎える。海峡をはさんだイギリスから、軍艦だけでなく、はるかに多くの商船や漁船が兵たちを運ぶためにやって来たのだ。脱出を阻止しようとするドイツ軍の爆撃や砲撃の嵐のなかを、大砲はおろか、銃さえ載せていない船もあれば、なかには帆船さえいた。イギリスの議会でのウィンストン・チャーチルによる「我々は絶対に降伏しない」という演説

図 105　サンテロワ教会、ファサード
ジャン・バールの墓が内陣にある教会。爆撃でファサードだけが残り、現在もボツボツと穿たれた弾痕が痛々しく残っていることが写真からおわかりだと思う。

図 106　鐘楼
もとはサンテロワ教会の鐘楼として、1440 年頃に建てられた。高さ 58 メートルの堂々たる体軀をもつ。

図 107　ダンケルク現代美術館、中央ホール
激戦地としての暗いイメージと結びついたダンケルクなので、素敵な現代美術館をご紹介。戦争博物館の裏手にある彫刻庭園のなかに建つ現代美術館には、カレル・アペルら 20 世紀後半以降に活躍した現代アーティストの作品が展示されている。写真は中央ホールでの子供たちのお絵描き教室の光景。奥にニキ・ド・サンファルの作品が見える。

もイギリス国民を奮い立たせた。

こうして、史上最大の救出作戦は終わった。最後に岸を離れた海軍大佐は本国に向けて打電した。

「作戦完了。これよりドーヴァーに戻る」

　ドイツ軍はからっぽになったダンケルクの街中に入ってきた。いつものように、指揮所になりそうな建物を確保し、燃料や食料になるものを接収し始める。彼らは広場に建つジャン・バールの銅像の前に来た。よほど名のある芸術品でないかぎり、ドイツ軍は敵地の銅像を鋳《い》つぶして再利用するために接収する。しかし、彼らはその銅像には手をつけなかった。対英戦で軍功を挙げたジャン・バールは、敵地イギリスへ向けて剣を振り上げているからだった。

食通の都の歴史 —— Dijon（ディジョン）

ブルゴーニュ・ワインにエスカルゴ、トリュフにブッフ・ブールギニョン（牛肉の赤ワイン煮）、そしてなんといってもムータルド（マスタード）。フランス中東部にあるブルゴーニュ地域圏の中心都市ディジョンは、国を代表する食通の街として知られている。

このうち、エスカルゴ料理の主力種であるリンゴマイマイは、エスカルゴ・ド・ブルゴーニュの呼び名で通じるほどにこの地方と結びついている。

エスカルゴは、一世紀の大プリニウスが『博物誌』で書いているように古くから高級食材として知られていた。異端審問官から教皇になったことで知られるピウス五世の大好物で、そのためエスカルゴを魚と認定している。というのも、「救い主キリスト」ほどの意味のギリシア語の頭文字を集めると「イクトゥス（魚）」の語になることから、四旬節など、教会ではことあるごとに魚を食する機会が多かったためである。かつてはギリシアやイタリアなど広範囲で食されたが、近代に入る頃にはなぜかすっかりブルゴーニュの特産になっている。

ブルゴーニュ・ワインについてはあらためて述べることもあまりない。代表的な生産地のシャブリやボジョレーの名は日本でもよく知られている。なかでもロマネ・コンティやミュジニーといったブランドはほとんど高級ワインの代名詞となっている。これらは厳しく検査されて特級畑《グラン・クリュ》に格付けされた畑の葡萄から造られたもののみを指すため、生産地表記は厳密に管理されている。

一方、世界的に有名なディジョン・マスタードは、実のところ現在はディジョン以外で生産されているものがほとんどだ。これはワインのような生産地管理によるブランド名の使用認可制をとってこなかったためだ。二〇世紀もなかばになってワインの方式を導入しようとしたが、すでにディジョン・マスタードの名を冠した多くの他地域生産品が出回っていた。これを改めるために、二〇〇八年からはブルゴーニュ産であることを保証する表記として「ムータルド・ド・ディジョン」が制定されている。

原料となるマスタードシードはアブラナ科アブラナ属のカラシナ（芥子菜）からとれる種子で、はやくもガリア時代からこの地域で生産され始めた。ちなみに日本への伝来も古く、平安時代にはいくつかの書物に記述があるため、それよりはるか以前に中国から入っていたようだ。

ブルゴーニュ産のムータルドは、一四世紀頃のフランス宮廷ですでに欠かせない存在となっていたことが知られている。その頃はマスタードシードとワイン・ヴィネガー（ヴィネーグル）だけで作られたものが一般的だった。特に、熟する前の葡萄を発酵させて造る酸度の高いヴェルジュという汁をヴィネーグルとして用いるものが主流だった。今日の食卓にはさまざまな香辛料や調味料が並ぶが、当時は非常に数が限られており、時おり東方からもたら

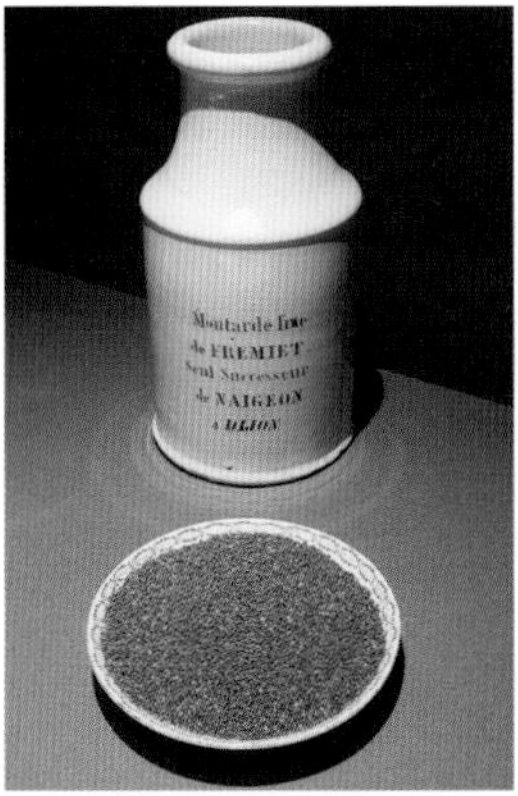

図 108　ムータルド・ド・ディジョンの壺とシード、ブルゴーニュ生活博物館・宗教美術館
旧シトー派女子修道院で、ディジョンの風俗史関連の豊富な展示が楽しい。

図 109　美食とワインの国際博物館（国際ガストロノミー&ワインセンター）
食通とワインの街であるディジョンに相応しい、2022 年にオープンしたばかりの施設。

される胡椒は特に珍重され、後に大航海時代が始まって以降は胡椒の入手が航海者たちの主たる目的になったほどだ。砂糖もまだまだ使用できる量が限られており、ヴェルジュは酸味をもたらし、肉を柔らかくする効果もあるため広く利用されていた。

ディジョンのムータルドが、全ヨーロッパ規模で認知度を飛躍的に高めるのは一八世紀のことである。当時、フランスでは従来のワインヴィネガーの製法に改良が加えられ、またフランスやドイツでアルコール発酵と酢酸発酵のプロセスの研究が進められていた。

こうして、ヴェルジュほど酸っぱくない酢が一般化され始めたことに着目したディジョンのムータルド業者ジャン・ナイジョンが、ヴェルジュにかわって酸味の弱い酢を使用したのだ。できあがったムータルドは従来よりも酸っぱくなく、香りと辛みが増して評判となった。ディジョンのムータルドはヨーロッパの食卓を席巻し、この街に莫大な富をもたらした。

ディジョンの街は栄光に包まれている。ムータルドがもたらした富も大きいのだが、一八世紀以前にはそれほど目立ったものではなく、なによりこの街にブルゴーニュ公国の宮廷が置かれていたことによる。ブルゴーニュの名はこの地に入ってきたゲルマン系ブルグント族に由来する。彼らが建てたブルグント王国の歴史もまた浮沈の連続で、最終的には六世紀にフランク王国によって滅ぼされてしまう。以降、フランク王国の版図に組み入れられるが、この王国自体がその後分割や吸収を繰り返すため、ブルグントの旧版図もさまざまな国名を主として戴いていく。

そのうち北西部一帯がブルグントの名を受け継ぎ、フランス風にブルゴーニュ公領となる。九世紀なかばに誕生した頃にはまだディジョンとその周辺、つまり今日のブルゴーニュ圏にほぼ重なる地域を領土とするにとどまっていたが、その後は姻戚関係による遺産相続や戦闘による獲得によって徐々に領土を拡げ、最盛期となる一五世紀後半にはそれに加えてフランスの北東部、ベルギーとルクセンブルク、現在のオランダの南半分までに広がる一大版図を築くようになる。

ブルゴーニュはあくまで公爵位であって王位ではなかったが、これほどの国威をほこると、ヨーロッパ政治のうえで重要なポジションを占めるようになる。第一章のジャンヌ・ダルクの節で述べたように、とりわけお隣の英仏両国間のパワーバランスに対して大きな影響力を有していた。公国の存在は百年戦争を複雑化させる原因の一端ともなっており、ブルゴーニュのあまりの勢力に対抗するように、ブルターニュ公やベリー公、アルマニャック伯らはアルマニャック派という反ブルゴーニュ勢力を形成していた。

このあたりはヨーロッパ史学習者泣かせの家系図の話になるのだが、アルマニャックは南

図 110　クラウス・スリューテル、シャンモル修道院附属礼拝堂扉口彫刻、1400 年前後、シャンモル修道院
中央の聖母子に向かって跪いて祈る、豪胆公フィリップ 2 世（左）と妃マルグリット 3 世・ド・ダンピエール（右）。公夫婦の存命中に作られたため、本人たちの肖像と考えられる。

西フランスの地域名で、ここを治めるアルマニャック伯の娘がベリー公ジャン一世に嫁ぐ。夫公は「世界で最も美しい装飾写本」と評される『ジャン・ド・ベリー公のいとも豪華なる時禱書』をランブール兄弟に描かせる人物である。フランス王シャルル五世（賢明王）とベリー公ジャン一世、そしてブルゴーニュ公フィリップ二世（豪胆公）の三人はいずれも前フランス王ジャン二世の子である。つまり、兄弟だった血筋から、ブルゴー

図111　クラウス・スリューテル、〈モーセの井戸〉、1395～1403年頃、シャンモル修道院
豪胆公がフランドルを代表する彫刻家スリューテルに注文したもので、内部にある六角形台座に、6人の予言者が彫られている。

ニュ派とアルマニャック派という敵対する勢力ができることになる。

豪胆公ブルゴーニュ公フィリップ二世はフランドル女伯マルグリット三世・ド・ダンピエールを妻に迎える。当時のフランドル伯領は政治的にはフランスの臣下だが、経済的にはイングランドと強く結びついていた。そのためマルグリット三世と姻戚関係でつながることを両勢力とも望んでいた。彼女の父は英国の王子と娘を婚約させたが、フランス王はこれを阻止すべく、両者の近親結婚を訴えてローマ教皇から婚約の無効を勝ち取った。その結果、ブルゴーニュ公に嫁いだわけだが、これによって豪胆公の領土拡大が約束された。なにしろ彼女には、フランドル伯領のほかにブルゴーニュ伯領（公領とは別）、アルトワ伯領など数々の継承権がくっついていたからだ。

賢明王フランス王シャルル

図 112　ブルゴーニュ大公宮殿
14 世紀以来、公国の中心となってきた建物。現在は市役所とディジョン美術館が入っている。中央の塔は「善良公の塔」と呼ばれている。

五世が亡くなると、子のシャルル六世が王位を継ぐ。しかし彼は精神の病を抱えていた。彼は自分の体がガラスでできているとの妄想にとりつかれ、何かに当たって砕けることを恐れており、年々その症状は悪化して狂気王と綽名された。次第に入浴や着替えさえ拒むようになり、時には自分の名さえ忘れ、狂乱状態で王宮を走り回った。もはや王に統治能力がないことは明らかで、政治運営の主導権を先の二派閥が表立って争うようになる。

　ブルゴーニュ派の中心となったのは、豪胆公から広大なブルゴーニュ公位を継いでいた子のジャン一世（無怖公）

である。恐れを知らぬ者との意味で無怖公（無畏公とも）と綽名されたジャン一世には、それを裏付けるような物騒なエピソードが多い。たとえば、貴族と間違えて首切り役人と握手してしまうと、恥をかかされたと思って首切り役人の首を斬り落とさせた、など。彼は一四〇七年に、狂気王の弟でアルマニャック派の領袖たるオルレアン公ルイを暗殺する。遺体は右手が斬り落とされ、頭蓋骨が斧で砕かれていた。アルマニャック派の首座には、殺害されたオルレアン公ルイにかわって子のシャルル・ド・ヴァロワが就いた。

狂気王にかわって実質的に王宮の中心にいたのは王太子シャルルだった。やがてシャルル七世として即位し、ジャンヌ・ダルクの尽力によってランスで戴冠式を挙行する人物である。一四一八年にパリと狂気王をブルゴーニュ派がおさえ、アルマニャック派はシャルル王太子を立ててパリを離れていた。しかしこの内戦状態はイングランドにノルマンディー地方での勢力拡大を許す結果となっていた。対英政策では両派とも利害が一致するはずで、王太子シャルルは両派の停戦と対英共闘体制を築くために無怖公との会談を提案した。

一四一九年九月一〇日、両者は会談の場にやってきた。セーヌ河にかかるモントロー橋の中央に設けられた場所に、それぞれ一〇名ずつの護衛を連れて入った。一応は王の臣下である無怖公は王太子の前に跪いて挨拶をする。そして立ち上がるための支えとするため、剣の柄《つか》に手をかけた。それを見て「王太子の前で剣に手をかけたぞ！」との声がするやいなや、公の顔面に斧の一撃が加えられた。無怖公は殺害され、かつてオルレアン公ルイがされたことの復讐を果たすかのように右手が斬り落とされた。

ブルゴーニュ公位を継いだフィリップ三世善良公はイングランドと同盟を結ぶ。百年戦争はこうしてさらなる泥沼へとはまっていった。

図 113　豪胆公の墓碑（奥）と無怖公とその妻の墓碑（手前）、ディジョン美術館（ブルゴーニュ大公宮殿内）

大公宮殿の守備隊の間にある。豪胆公はスリューテルとその後継者によって、無怖公夫妻はジャン・ド・ラ・ウエルタと協働者の作。墓碑の一層目にあたる棺の周囲には、嘆き悲しむ修道士たちの細かな小像がずらりと並んでいる。

大分裂で踊ろう ―― Avignon（アヴィニョン）

アヴィニョンの橋で　踊るよ　踊るよ　アヴィニョンの橋で　輪になって組んで
子どもが通る　大人も通る　兵隊さんが通る　職工さんも通る
――フランス民謡「アヴィニョンの橋の上で」より（訳詞：小林純一）

昔、保育園で歌った記憶があるのでいつから歌われているのか調べてみたら、一九七〇年にNHKの「みんなのうた」で初めて放送されたとのこと。その後も長く歌い続けられているようで、今の大学生にも知っている人がいたりする。

原曲はおそらく一五世紀頃に成立したフランス民謡で、一五〇三年にヴェネツィアで印刷された書物に「アヴィニョンの橋」というフレーズが登場する。当初は家庭で歌われる静かな曲だったようで、その後何度か似たような歌詞をもつ作品が登場した後、作曲家アドルフ＝シャルル・アダム（アダン）が一八五三年に「耳の不自由な人、あるいは満員の宿」と

図114　〈アヴィニョンの橋の上で〉、19世紀のカレンダーに付けられた挿絵、パリ、ヨーロッパ・地中海文明博物館
この挿絵の両側に歌詞がつく。背景の右奥に教皇宮殿、左奥にサン・ニコラ礼拝堂の姿がある。

いうオペラ・コミーク（曲付きのない地の台詞を含む歌劇）でこの曲を使ったことで一気に人気が高まった。

曲は二通りのリズムで構成され、円舞をする速いリズムと、隣り合った者同士がお辞儀をして挨拶を交わすゆっくりとしたリズムとが交互に繰り返される。歌詞の内容は非常に単純で、踊る場所であるアヴィニョンの橋の上に、さまざまな職業の者が順番に登場するというもの。

フランス語の歌詞にはマイナーな違いがあるものが何種類かあるが、代表的なものを直訳すれば「アヴィニョンの橋の上で踊ろう、踊ろう。アヴィニョンの橋の上で、輪になって踊ろう。素敵な殿方はこんな風《ふう》に、あんな風に。美しいご婦人もあんな風に、こんな風に」ぐらいになるだろうか。続いて、庭師や仕立て屋、ワイン業者や洗濯屋、音楽家や修道士など、さまざまな職業の人たちがあらわれるので、さながら近世フランスの職種リストを見るよう

図 115　サン・ベネゼ橋
アヴィニョン川の岸からの眺め。残存部分の中央に建つのがサン・ニコラ礼拝堂。

だ。この構造は「みんなのうた」でも同じであり、和訳の歌詞は原曲とそう変わらない。

　モデルとなっている橋は、ローヌ川にかかるアヴィニョンのサン・ベネゼ橋である。実際には幅三メートル弱と、輪になって踊るにはやや狭すぎる。本来は橋のたもとや土手で踊っていたようで、そのため今日でも地元には「橋の上で（sur le pont）」ではなく「橋の下で（sous le pont）」と歌う人がいる。この橋は川の途中でストンと切れている特徴的な外見をしている。一一八五年に建造された時には九二〇メートルの長さがあったのだが、度重なる戦争や増水によって落ちては再建を繰り返すこと四度、ついに一六六九年の洪水によって流されて今日のような姿になってしまった。

こうして現在は橋脚のアーチも四つ残るのみだが、かつては二二ものアーチが続いており、民謡ではなくこの長さによってすでに橋は広く知られていた。

橋の名はある伝説に由来していて、それはベネゼという名の羊飼いの物語である。彼はある時、ローヌ川に橋を架けよという神の声を聴く。街の人々にそのことを話しても誰も信じなかったが、ためしに彼はある大きな石を抱えて持ち上げてみせた。その石を、他の屈強な男たちが三〇人集まっても持ち上げることができなかったため、人々も彼の言葉を信じて工事が始められたというものだ。完成後に亡くなった彼は、橋の上に建てられたサン・ニコラ礼拝堂に葬られた。と、こうした言い伝えがあるとその場所は巡礼地と化すのがお約束だ。中世期には多くの人がこの橋を訪れるようになり、やがてベネゼは列聖されて聖人の仲間入りをし、橋を造る建築家や工夫たちの守護聖人となった。

この橋がまだつながっている頃は、ここにはローヌ川を渡ってアヴィニョンに入る人々にとっての関所があり、厳しいチェックがおこなわれていた。というのも、アヴィニョンの街には教皇庁があったからである。教皇ならローマじゃないの？　と思われた方もいると思うが、一三〇九年から約一世紀にわたって教皇はこの街にいた。これを教皇のアヴィニョン捕囚（故事にちなんで教皇のバビロン捕囚とも）と呼ぶ。キリスト教世界に何度かおとずれた「シスマ（分裂）」のひとつである。

シスマは、イングランドとの戦争をひかえて資金を準備したいフランス王フィリップ四世（端麗王）が、領土内の教会に対して、十分の一税をローマに送るのを禁じたことを直接の契機とする。

この税は、あらゆる経済活動の一割を教会におさめよというもので、それによって教会は衣食住や諸活動をまかなっていた。それでもかなりの余剰金が発生するので、ローマ教皇庁から指名や派遣された司教たちはそれをローマへと送金していた。くしくも今日の日本の消費税と同じパーセンテージなので、積もり積もったその額の巨大さが想像できると思う。実際に人々が住んでいるのは領主たちの土地であり、彼らとしてはその余剰金も領内に還流させたい。そこで司教という聖職ポストの任命を教皇ではなく、彼らの名目上の主君である神聖ローマ皇帝や諸国の王におこなってもらえば、司教たちも彼らの意向に従うはずだ。

というわけで、中世期には教皇庁と世俗権力の間での聖職叙任権闘争が恒常的に繰り広げられていた。そこへ、フランス王がローマへの送金を禁じるという強硬手段に出たものだから、教皇庁との対立は決定的となった。
コンクラーヴェ（教皇選出選挙）によって新教皇クレメンス五世として即位したフランス人大司教は、フランス王の意向をうけて、一三〇九年にアヴィニョンに教皇庁を移転。それから六人のフランス人が教皇位に就き、合計六九年の間、アヴィニョンはカトリック世界の首都となった。街にはこの格に相応しい機能と外観を備えるべく、大宮殿が建設され始めた。

　この教皇宮殿は華麗さよりも堅牢さが求められたようで、今日残るその姿はまるで難攻不落の要塞のようだ。街には図書館など諸々の施設が建設され、街を取り巻くように城壁も建設された。当初はプロヴァンス伯領の街だったアヴィニョンだが、一三四八年に女伯兼ナポリ女王ジョヴァンナ一世から八万フローリンで購入されて教皇領の一部となった。

　ジャン・ド・ルーヴルら多くの建築家が宮殿の拡張に携わり、またシモーネ・マルティーニやマッテオ・ジョヴァネッティら当代一の画家たちが招聘されて宮殿の装飾にあたった。

　ルネサンスの人文主義の礎を築いたフランチェスコ・ペトラルカもアヴィニョン教皇庁に勤務したひとりだが、彼自身は教皇がローマを離れていることを快く思っておらず、ローマへの帰還をたびたび進言している。後に列聖されるシエナのカタリナも帰還を果たすべく運動し、これが実って一三七七年、教皇はローマへと居を戻した。

図 116　教皇宮殿、外観
もともと司教館だった宮殿を、2 代目アヴィニョン教皇ヨハネス 22 世が居と定め、1316 年から教皇宮殿への拡張工事が始められた。巨費が投じられた大工事は、アヴィニョン教皇庁の資金がおおかた枯渇した 1352 年にほぼ終了した。

図 117　教皇宮殿、大礼拝堂
歴代のアヴィニョン教皇たちが聖餐式をおこなった礼拝堂。その巨大さから当時の繁栄がしのばれる。

図 118　教皇宮殿、
サン・ジャン礼拝堂
1348 年に完成した礼拝堂で、壁一面をマッテオ・ジョヴァネッティ主導による洗礼者ヨハネ（フランス語でジャン）の諸場面が覆う。枢機卿会議への出席が許された高位の者のための礼拝堂。

図 119　教皇宮殿、
「鹿の間」壁画（部分）
マッテオ・ジョヴァネッティら何人かの画家の手によって装飾された部屋で、鹿狩りの場面が描かれているためこの名で呼ばれる。1342 年から 52 年まで教皇位にあったクレメンス 6 世が書斎として使用していた。

ところが、話はこれで終わらなかった。ローマで新教皇が選ばれると、フランス人枢機卿団は選挙の無効を主張し、アヴィニョンに独自に対立教皇を立て、こうして二人の教皇が並立するシスマが始まった。この状態を収束するべく、一四〇九年にピサで公会議が開催され、両教皇の廃位と新教皇の選出が採択された。しかし、ローマとアヴィニョンの教皇はいずれもこの退位勧告に従わなかったため、なんと結果的に三人の教皇が鼎立《ていりつ》する事態となる。教皇が三人とも廃位され、ひとりの教皇に一本化されたのは一四一七年のこと。アヴィニョンの教皇宮殿もその役目をようやく終えた。

世界遺産を歩く

Chapter 4

天使が舞い降りた岩山
——Mont Saint Michel（モン・サン・ミシェル）

私は驚きの声を上げた。（…）黄金色に澄みわたった空の下、この広く黄色い湾の砂浜の真ん中に、奇妙に尖った暗い岩山がそびえていた。太陽が姿を消したばかりの、まだ燃えるような色をした地平線の上に、頂上にモニュメントを戴いたこの幻想的な岩がその横顔を見せていた。夜が明けるとすぐに、私は岩山へと向かった。昨夕と同じく海は低く、そびえたつ驚くべき修道院を見ながら近づいた。二、三時間ほど歩いて、大きな聖堂がそびえる小さな町を載せた巨大な石の塊にたどり着いた。（…）そして私はこの巨大な花崗岩の宝石に入っていった。——ギ・ド・モーパッサン、『*Le Horla*（オルラ）』より（筆者訳）

一九世紀の文豪モーパッサンは、数多くの紀行小説を残した。それらは旅行先の風俗や伝承をもとにしたものから、純粋なフィクションまでさまざまで、数冊の小説集にまとめられた。冒頭に訳出したのは三七歳時の一八八七年に出版したもので、妄想が徐々に激しくなっていく主人公の日記という形態をとっている。

そのなかで主人公が、ノルマンディーの海岸にそびえるモン・サン・ミシェルを訪れるくだりがある。修道院にのぼった主人公は修道士からこの地にまつわる伝説を聞く。そこでは人間の顔をした山羊が出てくるような、摩訶不思議な話が展開される。それから主人公は妙な妄想にとらわれたり、悪夢にうなされて恐怖にふるえたりと、徐々に精神に異常をきたしていく。

このあたり、同時期に実際に不眠症に悩んだり、めだって奇行を繰り返すようになった著者モーパッサンの私小説のような色合いを帯びている。パリに建ったばかりのエッフェル塔を見なくて済むからと、塔の一階にオープンしたレストランで食べていたのはよく知られた話だ。その後症状が悪化して精神病院に収容され、回復しないまま四二歳で世を去っている。

モーパッサンはもともと役人だったが、三〇歳頃に右目の視力をほぼ失ったために休職したのち、退職してしまう。しかしそれからの一〇年ほどが彼の作家人生の全盛期となる。モン・サン・ミシェルについては、一八八三年に『*Clair de Lune*（月の光）』としてまとめら

図 120　モン・サン・ミシェルの全景
左に写っているのは、防波堤を兼ねた連絡通路。本土とはこの道一本だけで繋がっている。木々の緑が見えている上限が中間地点で、そこから上が修道院、下が街区となっている。

れた短編集のなかの「モン・サン・ミシェルの伝説」ですでに書いている。

　冒頭部分は先述の訳出部分とほぼ同じだが、そのあとで今度は現地の農民から聞かされたという、大天使聖ミカエルとサタンのストーリーが語られる。黙示録の世界では最後の審判の日にそれぞれの軍の大将として戦う両者だが、モーパッサンの物語では両者が一緒に夕食をとってワインやブランデーを飲む場面などもあって妙に可笑《おか》しい。もちろん最後には戦ってミカエルが勝利はするのだが。

　農民から聞いた伝承というこの話が彼の完全な創作かどうかはわからないが、実際にこの修道院は大天使ミカエルと強く結びついている。そもそもモン・サン・ミシェルの名自体が、「聖ミカエルの山」を意味する。それまでは、ガリア語で山を意味するトンブの名で呼ばれた岩山があるだけだった。上部や周囲の岩肌に何もない状態で高さ七八メートルもあるので、見渡す限り真っ平らな沼

図 121　北塔からの眺め

岩山の北側にある北塔から、東方向を見たところ。左に突き出ている部分はブークル塔で、一般街区とそれらを守る切り立った周壁がある。遠方に続く灰色の一帯はすべて沼地で、時おり裸足で歩く巡礼者の姿を見かける。その先には、人も住まない緑の湿地帯がはるか先まで続いている。

地が続く海岸にひとつだけ立つそれほどの巨大な岩山は、その壮観さで古の人々に畏怖の念を抱かせたことだろう。

七〇八年、近郊の街アヴランシュの司教オベールが、夢のなかで大天使ミカエルから啓示をうける。トンブの岩山を自らに捧げよという内容である。オベールはただの夢だと考えて気にせずにいたところ、怒った天使はそれから三度夢にあらわれ、最後には司教の頭に指を

図 122　ガブリエル塔の下にある地下道

岩山の西側に突き出たガブリエルの塔の下には、海水が入り込む空間があり、そこから地下道が続いている。脆く危険なため奥には進めない。モン・サン・ミシェルにはこうした恐ろし気な場所がいくつもある。

突き刺した。おののいた司教が言われた通りに岩をのぼると、頂上にはお告げのとおりに一頭の牛がいた。この修道院の創設にまつわる神話的な言い伝えは他にも沢山あり、さまざまな奇跡を通じて近隣の人々も建設に取り掛かったということになっている。

伝承のなかには、頂上に巨大なメンヒル（巨石）が置かれていたというものもある。誰もこれを取り除くことができず、建設作業が進まないため困っていたところ、ひとりの幼児がやってきてヒョイと持ち上げてしまった。まるでアーサー王に引き抜かれる剣エクスカリバーのようだが、これを見たオベール司教がその場所を教会の祭壇に定めたとされる。

この伝承が興味深いのは、実際に岩山の頂にメンヒルがあった可能性も否定できないためである。ガリア人は（に限らないが）自然のさまざまな現象や特殊な地形を神域としており、カルナックの節で述べたように、この岩山も信仰対象とみなされていたことは十分に考えられる。なにしろあれだけの異様な姿をしているのだから。

隠修士がここを隠遁《いんとん》の地とし、孤独な信仰生活の場としていた可能性もある。もとより人里離れた場所をこそ理想的な瞑想空間として欲していた彼らのこと、周囲に大きな街もなく、孤立した岩山の頂以上に理想に適《かな》う場所もないだろう。おそらくはそうしたほこらを基礎として徐々に住む者が増えていき、ベネディクトゥス修道会が修道院を建てると決めてから、それらを一気に拡張していったのだろう。

一方で、モン・サン・ミシェルは純粋な信仰生活の場にとどまることを許されなかった。なにしろ急勾配の岩肌に囲まれた修道院は、難攻不落な要塞ともなったからである。

図 123　騎士の間

ルイ 11 世が創設した、その名も聖ミカエル騎士団のために、13 世紀初めに造られた大広間。尖頭アーチが連なる典型的なゴシック建築で、巨大な暖炉による暖房設備がある。柱の太さなどを見るにつけ、よくこれほどの大きな石材を、遠くにある修道院の、この高さまで運びあげたものだと思わされる。おまけに、周囲はみわたすばかりの湿地帯で、石材を切り出せるような採石場などないのだ。

こうしてノルマンディーにやってきたノルマン人とフランク王国の間でその領有が争われ、勝ったフランス王は巨費を投じて要塞化を推める。岩山の中間地点である高さ約五五メートル地点から上に堅牢な壁が築かれ、楕円形をした直径約一キロメートルの岩山の周囲に、螺旋《らせん》状に建物が建てられた。北側の岩肌に倉庫などが配され、その上階には騎士の間やクリプタが造ら

図124　荷揚げ装置
急勾配の岩山に重量のある物資を運びあげるために、モン・サン・ミシェルには巨大な滑車と滑らせ坂、巻き上げ用の大車輪の装置が設置されている。写真の鎖が、そのまま大車輪へと繋がっている。まさに修道院にとっての命綱だった。

れた。岩盤の上には教会堂が建てられ、その北に回廊と食堂が配置された。中間地点より下には今も岩肌がむき出しの部分が多く、東南側には街ができ、それらを守るように塔をもつ周壁が湿地帯の上に築かれる。現在の威容は、こうして一三世紀前半におおよそできあがった。同様の綱引きは、百年戦争においてもイングランドとフランスの間で繰り返された。その都度、修道院は攻撃をうけ、補修と拡張を繰り返した。

徐々に修道院としての権勢を弱めていったモン・サン・ミシェルに、フランス王ルイ一一世はあらたな使命を課す。それは、難攻不落の利点をいかした牢屋としての役目だった。特に重大な政治犯を収監するための金属製の「鉄の檻」とよばれる大きな独房が設置された。天井から吊るされた檻は、中で囚人が動くたびに鈍い金属音を修道院中に響き渡らせた。その後は終身刑の受刑者が閉じこめられて死を待つ地という暗いイメージで語られるようになる。

フランス革命期にも多くの囚人がここへ送り込まれており、ノルマンディー出身の政治家だったジャン＝バティスト・ル・カルパンティエも収監され、嘆きの詩を詠んでいる。

> 恐ろしいモン・サン・ミシェル、健康をむしばむ塔、絶望的な家、いまわしい牢獄、気の滅入る暗い地下道、生きたまま味わわされる地獄、自然の地形が生む恐怖よ、あたりの砂浜を瞬く間におおう海がおまえを深淵の底に永久に沈めてくれますように。——ジャン＝バティスト・ル・カルパンティエの詩より（岩澤雅利訳）

自らも多くの命をギロチン台へと送った彼は、終身刑をくだされてそのまま一八二九年にモン・サン・ミシェルで亡くなった。首から下は埋葬されたが、頭蓋骨は今も岩山のどこかに埋められたままだ。

一方で、荒れる北の海にそびえる暗い岩山と、信仰と死のイメージはロマン主義者たちの創作欲を大いに刺激し、多くの作品で採り上げられていく。一九世紀後半にはようやくこの特異な存在の史的価値と美的価値が認識され、大々的な調査と修復が始まる。頂上にある聖堂の尖塔の先端にブロンズ製の大天使ミカエル像が設置されたのも一八九七年のことだ。地形的に避けられない宿命として、この天使像はその後何度も落雷の直撃を受け、一九八七年にはヘリコプターを用いて取り外されて、修理後に再設置されている。

沼沢地に位置するモン・サン・ミシェルは、川と海からの波と、運ばれる土砂や漂流物などの影響から免れることができない。すでに一九世紀後半に、建築史家でもある建築家ヴィオレ＝ル＝デュクが、岩山周囲の治水整備にかかる費用もふくめた巨額の予算を政府に要求している。周辺の沼沢整備は建造物の修復の比ではない巨費と時間を必要とする大工事となるが、同世紀の末に着手された。年々変化する自然環境は、常にあらたな課題と議論を生んでいる。

モン・サン・ミシェルはそれ自体が自然が創った偉大なかたちであり、人々が積み重ねてきた文化的遺産であり、また同時に国と当該地方にとっての重要な観光資源でもある。いつの時代にも、このような遺産をどうすれば最善の形で後世に伝えていけるのかが問われ続けている。

図 125　修道院回廊
どんな高さだろうと、いかに建造困難な場所だろうと修道士にとって回廊は絶対に欠かせないようで、モン・サン・ミシェルの上部にも規模こそ小さいが美しく落ち着いた内庭回廊が造られている。

■聖域の回廊 —— Moissac（モワサック）■

扉の上には巨大な半円形のティンパヌムがあって、両端を壁柱に支えられ、中央は彫刻のほどこされた太い石柱に支えられていた。（…）私が見たのは蒼天のなかの玉座であり、その玉座に就いている者の姿であった。（…）左手は封印した一巻の書物を膝の上で固く握りしめ、右手は祝福するとも威嚇するともつかぬ恰好に振りあげられていた。（…）そして玉座をめぐり、坐せる者をめぐって、ときには玉座の上に伸《の》し掛かるようにして、恐ろしげな四つの生き物の姿が見えた（…）。玉座のまわりの、四つの生き物と坐せる者の足もとには（…）、二十四名の長老たちが白衣をまとい、黄金の冠を戴いて、それぞれに二十四の小さな座席に就いていた。――ウンベルト・エーコ、『薔薇の名前』より（河島英昭訳）

筆者が大学生の頃、ウンベルト・エーコの『薔薇の名前』の邦訳書が出版されて大いに話題となった。人文系の学部で学ぶ者なら、読むか、少なくとも読んだふりはしないとまずい勢いだった。その雰囲気は、一時期のダン・ブラウンの『ダ・ヴィンチ・コード』が巻き起こしたブームにやや似ているか。

しかしエーコの原書がイタリアで出版されたのはそれより一〇年ほど早く、すでに世界的なベストセラーになっていて、一九八六年には映画化された。主演がショーン・コネリーに決まったというニュースは、かつてのジェームズ・ボンドのイメージで彼を見ていた世界中の読者を困惑させ、実際に製作会社も二の足を踏んだらしいが、しかし結果は吉と出て、落ち目だったコネリーのキャリアもこれで復活する。他にも若きクリスチャン・スレーターが見習い修道士役で出ていたり、異端信仰者を怪優ロン・パールマンが演じていたりと、もしご覧になっていない方にはお薦めしたい映画だ。

冒頭にやや長めに引用したのは、同書のなかで主人公の修道士が修道院を訪れ、その正面扉を見た時の記述部分である。彼はそこででくわしたさまざまな怪事件の解明に挑むことになるが、読み進めるうちに読者は修道士の生活や、キリスト教会と文化の関係、正統と異端の教義問題といったさまざまな知識を手に入れることになる。世界的な記号学者で中世美学史の専門家でもある著者エーコならではの博覧強記ぶりだ。

物語の舞台となった修道院の正面扉口は、エーコ自身も証言しているが、南フランスのモワサックのサン・ピエール修道院をモデルにしている。筆者がここに掲載した同扉口の写真を見ながらぜひもう一度引用文をなぞっていただきたい。半円形のティンパヌム（タンパン）に展開されているのは〈荘厳のキリスト（マイェスタス・ドーミニ）〉と呼ばれる伝統的な主題であり、このように教会入口のティンパヌム部分によく採用される。キリスト教主題を主として浮彫りで表現するロマネスク時代には、柱や柱頭に比べてはるかに広い面積をもつティンパヌムは壮大なテーマに向いた場所であり、この主題は〈最後の審判〉などと並んで人気の的だった。信徒たちは、ここをくぐった先は神聖な空間であり、入るにはそれなりの清浄なる心をもって来い、と威嚇されているような気持ちになったことだろう。

　中央には玉座にすわるキリストがいて、左手に書物を持って膝の上に立てている。書が開かれている場合にはたいてい、「始まりであり、終わりである」キリストを示すα（アルファ）とΩ（オメガ）の文字が見開きのページにそれぞれ描かれることが多い。モワサックでは閉じられているのでこのパターンからは外れるが、この主題の典拠でもある『ヨハネの黙示録』を手にしていると考えてよい。キリストの背後にはうっすらと縦に杏《あんず》のような形があるが、これはマンドルラ（アーモンド）と呼ばれ、キリストや聖母マリアの背後に光輪の

図 126　〈荘厳のキリスト〉、1110-30 年頃、サン・ピエール修道院、南扉口

ように描かれる定型表現である。神聖なる世界（コスモス）へ通じる口でありその象徴だが、女性の子宮の形に由来すると考えられる。

キリストの周囲には四つの異形の生き物がいる。これらは新約聖書を構成する四つの福音書を書いた（ことになっている）使徒たちのシンボルである。それぞれ、右上から時計回りに、ヨハネ＝鷲、ルカ＝牛、マルコ＝獅子、マタイ＝天使であり、すべて有翼の姿をしている。また下部の帯状の部分には二四人の長老がいて、杯を掲げたり楽器を奏《かな》でたりしながらキリストを見上げている。これらもすべて、『ヨハネの黙示録』のなかでヨハネが見た幻視を典拠としている。

引用した部分をなぞるだけでこれだけの紙幅を費やしたが、実はエーコによる扉口の記述はまだまだ延々と続く。視覚情報を言語情報に置き換える、つまり見たイメージを文字で言い表すことをディスクリプション（エクフラーシス）と呼び、美術史学習の導入プログラムとして訓練されるが、エーコによる例はそのお手本と言ってよい。冒頭で紹介した映画でも同修道院の扉口が登場するので、ぜひ小説のテキストと映像や写真のイメージを比較していただきたい。

この修道院の歴史は古く、フランクの王クローヴィスが槍を投げてささった場所に建てら

図 127　サン・ピエール修道院、回廊

れたとの伝説があるが、実際にはおそらく七世紀頃にベネディクトゥス修道会の修道院として誕生した。修道会はもともと東方で信仰のために集団生活を送る人々や、あるいはエジプトなどで人里離れて修業する修験者的な信仰実践者たちを起源とする。これが西方にも伝わって自己隔離した信仰集団となり、戒律を定めてそれに則《のっと》って生活するようになる。

やがてそこから教皇の認可をうける正式な修道会ができていったが、ベネディクトゥス修道会はその最初期の例にあたる。モワサックはそのひとつとして建てられ、寄進によって広大な農地を抱えるようになるが、イスラム勢力やヴァイキ

図 128　〈鎖から逃げ出す悪魔〉、1100 年、サン・ピエール修道院、回廊柱頭

回廊に並ぶ柱に施された 88 の場面は、旧約と新約、黙示録から成る。自ら鎖を開いて脱出する悪魔は『ヨハネの黙示録』から。

ング、マジャール人などによって度々襲撃を受けるなどしたこともあって、一一世紀の初めにはかなり無秩序な状態にあった。そのため一〇四七年からはクリュニー修道会に所属するようになる。この修道会はベネディクトゥスによる戒律をあらためて厳しく遵守し、王や教皇、諸侯の支持を得て急速に拡大していた。

モワサックはイベリア半島西北端の聖地サンチャゴ（聖ヤコブのこと）・デ・コンポステーラへの巡礼路上にあり、多くの巡礼者を迎えた（この巡礼路を成す遺産のひとつとしてユネスコの世界遺産に登録されている）。荒れ果てていた修道院の改修も進められ、一〇六三年には教会堂が再建され、一一〇〇年には回廊が完成した。回廊とは中庭を囲む屋根付き歩廊のことで、サイズこそまちまちなれど修道院にはたいていある。かつて回廊は一般信徒には開放されておらず、修道士と、せいぜい参事会員しか入ることができなかった。参事会員とは、日本の寺社の檀家や神社の氏子のなかから選ばれた理事のような人々と考えてよい。

回廊は神聖な空間であり、瞑想のためにある。二階部分に瞑想用の独居房が並ぶパターンもある。そして回廊のまわりに、居住区や倉庫があり、また写本を制作するための写字室があった。中世では、文字を読み書きできる者が（貴族や法律家などを除けば）聖職者に限られていたため、学問はほぼ修道院に独占されていた。つまり諸学芸はキリスト教会のコントロール下にあったわけであり、『薔薇の名前』での核心的なテーマも実はそこにある。

一三世紀のアルビジョワ十字軍、続いてペスト禍や百年戦争で被害をうけ、一八世紀末のフランス革命で修道院はほぼ活動が止まった。それでも幸いなことに、一二世紀初頭に完成した冒頭の〈荘厳のキリスト〉や、回廊に並ぶ柱頭のレリーフは一一世末の制作時のまま残っている。

図 129　サン・マルタン教会

モワサック駅のすぐ横にあるサン・マルタン教会は、かつてはローマが造った小浴場としての床下暖房設備の上に建っている。メロヴィング朝時代からの長い歴史をもち、内部には 14 世紀の壁画も残っている。フランスには、このようにまだまだ半分放置された状態の歴史的遺跡が無数にある。

図 130　ガロンヌ運河

タルン川とガロンヌ川が合流する地点に位置するモワサックの市内を、ガロンヌの側水路として造られたガロンヌ運河が流れる。高低差を解消するための水門がいくつもある運河を、たまに船がのんびりと通る。

図 131　橋上運河

おわかりになるだろうか。タルン川の真上を横切るように、ガロンヌ運河を通すための橋が渡っていることに。これほどの川幅を越える橋上運河の眺めは壮観だ。

フランスで最も美しいとされる回廊をゆっくりと歩き、片隅でしばし瞑想の真似事をすれば、不思議と心が洗われて穏やかな気持ちになるものだ。

月の港のワイン ―― Bordeaux（ボルドー）

さるフランスの王様が、「ボルドーとブルゴーニュのいずれがお好きで？」と尋ねられ、「金髪と赤毛女のどちらが好いかというようなものだ」と答えられたとか。

――これは、ワインの文化と歴史をながく日本に紹介してきた山本博が、『ワインの女王ボルドー・ワインのすべて』（早川書房）のなかで紹介しているヨーロッパの小話だ。

今ならＳＮＳなどですぐさま女性軽視だと批判されるだろう内容ではあるが、ブルゴーニュとボルドーがワインの二大生産地として甲乙つけがたい評価を得ていること、そしてフランス人がワインの嗜好にやたらとこだわりを持っていることがうかがえる。ブルゴーニュ・ワインについてはディジョンのところで少し触れたが、ブルゴーニュは男性的でボルドーは女性的と形容されることが多い。これにはボトルの形状も関係していて、いかり肩のブルゴーニュに対して、ボルドーはなで肩で全体的に丸みを帯びている。

ワインについて書かれた書物はヨーロッパに非常に多く、それこそ何十年も日常的に味わ

図 132　ボルドーの冬の葡萄畑
街を一歩出れば葡萄畑が広がる。河川が運んできた土砂による沖積層土壌の質と水はけの良さに加え、地面の斜度と日照時間、気温と降水量などさまざまな好条件がボルドーには備わっていた。

いつつ専門的に調べていって、ようやく書く資格が与えられるもののように感じられる。筆者はその域にはないが、それほどにワインの世界は奥深く、西洋文化史のなかで重要な地位を占めている。

　ワインはフランス料理の一部であり、なかでも世界的規模でボルドーの赤ワインがこのイメージの大半を担っている。日本でも、西洋近代化を目指した明治初期に最初に入ってきて地位を確立したのはボルドーの赤である。ちなみに日本人のワイン消費量は一人あたり年に一本とながらく言われていたが、食生活の変化によって現在は約四本と大幅に増えている。筆者が子供の頃に見た大人たちの食事風景を思い出しても、かつてはビールか日本酒だったシチュエーションで、現在はたしかにワインが嗜《たしな》まれていることも多い。世界で最も多くのワインを消費する国はアメリカだが、一人あたりに均《なら》すと年に一六本程度となる。アメリカもかつては年に一〇本と言われていたのだから、相当に増えたことがわかる。一人あたりの消費量が最も多いのはポルトガルで、年に八七本も飲んでいる。フランスは二位で六一本ほど。かつては年間百本を消費していたフランス人の嗜好もまた大きく変わった。ただ世界全体でのワインの消費量と生産量は、年によってばらつきはあるものの、長い目で見ればほぼ横ばいで推移している。そのなかで、フランスはイタリア、スペインと常に生産量の上位を争っている。

ボルドーを中心とするボルドー・ワインの産地は、ガロンヌ、ドルドーニュ、ジロンドの三河川流域の一帯である。この地域への葡萄の伝来は古く、ギリシアとフェニキアの植民都市が地中海各地に造られた紀元前六世紀頃に伝わったと考えられている。特にギリシアの都市国家群は島嶼《とうしょ》部にあるため定住人口に限度があり、一定数を越えると遠征隊を組織して植民できる地を探す

図 133　ワイン樽、ワインと貿易博物館
1858 年に定められた基準の樽。樫でできた樽の中で基本的に 3 年寝かせたあと出荷された。一樽は 225 リットルの容量があり、750 ミリリットルの標準サイズのボトル 300 本分に相当する。

図134　ピエール・ラクール・ペール、
〈ボルドー港の眺め〉、1804-06年、ボルドー美術館
月の港でのワインの積み下ろし風景。手前の小舟から、各シャトーでできたワイン樽を陸に揚げている様子が描かれている。右に描かれている大型船が輸出用。旧大司教館を本館とするボルドー美術館はフランス有数の規模をほこる。

必要があった。ガロンヌ川の河口からやや奥まったところにあるボルドーには、それからやや遅れてガリア人が原始的な集落を建設したことが確認されている。その頃は、「入り江・沼地」を意味する語から発展した「ブルディガラ」の名で呼ばれていた。

　紀元前五六年にこの地を征服したローマ（ラテン人）は、ブルディガラを駐屯地兼交易所とし、港を建設した。ガロンヌ川が三日月形に湾曲する入り江は港として格好の場所であり、そこから「月の港」の綽名がついた。街は七〇年には属州アキテーヌの行政首都となり、ワインを各地に送り出す港を中心に、人口二万を抱える中堅都市へと発展していく。中世のキリスト教世界になってからも、大司教座が置かれる重要都市としての地位を保ち続け、そのかわりに宿命的にさまざまな勢力が占領しにやってきた。ゲルマン、ノルマン、イスラムの諸勢力の襲来は、もうフランス史のうえではお約束の出来事だ。

一二世紀、ボルドーはアキテーヌ公国（ガスコーニュとも）領の都として栄えていた。この公爵位を継いだひとりに女公アリエノール・ダキテーヌがいる。彼女はフランスとイングランドの王にそれぞれ嫁いだ変わった経歴をもつ。薔薇に称せられるほどの美貌をほこった彼女は、まず一一三七年に一五歳の若さでフランス王ルイ七世の妃となる。ボルドーのサン＝タンドレ大聖堂で挙式したが、この王は「修道士と結婚してしまった」と後に彼女がうそぶいたと伝えられるほど生真面目で、十字軍遠征の間に夫婦間に決定的に亀裂が入って一一五二年に離婚してしまう。理由は近親婚にあたるからというもので、姻戚関係を頻繁に結んだ当時の王族にあっては、教会に認可されやすく、かつ手っ取り早く利用できる離婚事由だった。

広大な領地をもつ彼女がふたたび独身となったため、各諸侯から縁談が舞い込むが、彼女はそのなかからアンジュー伯アンリを選ぶ。そして、なんとアンリは継承権争いを制してイ

図 135　ペイ゠ベルラン塔
サン゠タンドレ大聖堂（アリエノール・ダキテーヌが挙式した教会）の隣にあり、その鐘楼として建てられた。高さ 66 メートルもある。

ングランド王ヘンリー（アンリの英語読み）二世として即位し、ノルマンディー公位も継ぐ。

彼から始まるイングランド王家をプランタジネット朝と呼ぶが、アリエノールの領地もあわせると、結果的にイングランド王が突如としてフランス内部に広大な領地をもつことになった（アンジュー帝国と呼ばれる）。このことが後の百年戦争の遠因となる。アリエノールはふたりの王との間にあわせて一〇人の子をもうけ（そのうちのひとりがイングランド王リチャード一世獅子心王）、各地の君主に嫁いだ娘たちもまた多くの子を産んだ。そのため後のヨーロッパ各国の王家には彼女の子孫が大勢いる。アリエノールが「ヨーロッパの祖母」と呼ばれる所以《ゆえん》である。

ボルドーとブルゴーニュのワインの歴史にみられる違いとして重要なのが、後者を代表する銘柄のほとんどが修道院に起源をもつ一方、ボルドーのそれは貴族が所有するシャトー

（城館）で造られていたという点だ。どちらもフランス革命期に国に没収されて売りに出されたが、シャトーは旧貴族が買い戻すか、あるいは買い取った新興大商人が貴族化したため、革命以前の生産方式がほぼそのまま継続された。

シャトーのなかには非常に長い歴史をもつものがあるが、そのなかで最も古いシャトーとされているのが「パープ・クレマン」である。もとはラ・モットという名の農園で、一二五二年に葡萄を収穫した記録がある。これを、一二九九年にスペイン系ボルドー貴族のガイヤール・ド・ゴが購入し、弟のベルトランに与えた。

ベルトランは一二六四年頃の生まれで、相続権のない次男として生まれたために信仰の道に入っていた。彼はボルドー大司教にまで出世し、一三〇五年にはフランス王の支援をうけて教皇クレメンス五世として即位し、一三〇八年の末にアヴィニョ

図 136　ボルドー大劇場、階段ホール
フランスを代表する劇場のひとつで、パリのオデオン座やオペラ座に先駆けて 1780 年に完成した。

ンに教皇庁を移してしまった。そう、彼こそが教皇のアヴィニョン捕囚を開始した人物にほかならない。

彼はワインを非常に愛したことでも知られ、所有するシャトーでのワイン造りに精を出した。こうして、シャトーはパープ・クレマン（教皇クレメンスの意）と呼ばれるようになった。その後、シャトーは教会の所有となり、以来、外国人所有者の時代や破産を経て、ようやく二〇世紀半ばになって名声を取り戻した。

百年戦争中にイングランドがこの地を所有していた時期には、ボルドーのワインは英国貴族の間で愛飲される。ボルドーの評価が高まったのは、フランスよりもこの時期のイングランドのおかげかと思えるほどの珍重ぶりで、一四世紀初めのエドワード二世などは年に五〇樽のワインとひきかえに投票権を与えたほどだ。エリザベス一世はワインに税を課さないことで、ワイン文化の定着に貢献した。そして大航海時代に入ってからは三角貿易でますます富をたくわえたが、黒人奴隷の扱い量でもナントに次ぐ港のひとつだった。こうして近代を迎える頃にはボルドーの人口は四万を突破し、ボルドー・ワインは最良かつ最高級の評価を確立していった。

そしてワイン史にとって重要な一八五五年を迎える。その四年前にロンドンで開かれた第一回万国博覧会の成功を見て、時のフランス皇帝ナポレオン三世は対抗の意味もあってパリでの開催を決定する。初期の万博は特に殖産振興と貿易促進の狙いが強く、三四カ国が参加したこの万博で皇帝はフランスの高級ワインを目玉のひとつとする。彼はボルドー市にリスト化と格付けを命じた。それをうけて、数百あるなかから六一のシャトーが選ばれ、一級から五級までの格付けがおこなわれた。ワインの格付けの始まりである。

　シャトーのほとんどが高級ワインを揃えるメドック地区から選ばれている。このうち一級とされたのは、ラフィット＝ロートシルト、ラトゥール、マルゴー、オー＝ブリオンの四つのシャトーであり、現在でも最高級ワインの代名詞的な存在であり続けている。ちなみにロートシルトとはユダヤ系の大資本ロスチャイルド家のフランス語名である。

　たかが飲み物、されどワイン。ここまで豊かな歴史と奥行きをもつに至ったワイン文化の中心で、今もボルドーは輝き続ける。

図 137　カイヨー門

フランス王の戦勝記念として 1494 年に建てられ、後には城壁の一部として取り込まれていた。ガロンヌの川岸近くにあり、ここから川に沿って約 2 キロメートルにわたり、高等法院広場や、邸館が並ぶシャルトロン地区など、ボルドーが誇る美観エリアが続く。

異端の里 —— Carcassonne & Albi（カルカッソンヌとアルビ）

〃よき男〃や〃よき女〃は杭で作られた囲いの中に投げ込まれ、火をつけられた。火刑の炎はたちまち地獄の炎と化した。——一二四四年三月一六日のモンセギュールにおける二二五名のカタリ派信徒の処刑を伝える、ギヨーム・ド・ピュイローランスによる年代記（山田美明訳）

一二〇八年のはじめ、トゥールーズ伯レモン六世との話し合いにやってきた教皇特使が、会談翌日に何者かに殺害された。彼はトゥールーズとその周辺地域で勢力を増していた異端信仰への対策を講ずるよう、要請するために来ていた。誰もが犯人はレモン六世の手下に違いないと考えた。伯爵はそれまでも同様の要請をほとんど無視してきたからだ。

この報《しら》せをうけて、業を煮やした教皇イノケンティウス三世は異端撲滅の回勅を発布する。騎士たちをつのり、異端者を殲滅《せんめつ》し、正しい信仰へと導くための戦い。そうした神の名のもとでおこなわれる軍事行動を十字軍と呼ぶ。エルサレムを奪還するために約二〇〇年にわたって繰り返された十字軍と区別するために、南フランスにおけるケースをアルビジョワ十字軍と呼ぶ。

　アルビジョワとは「アルビの人」の意味で、タルン川流域の街アルビに由来する。この街がフランスで最初にカタリ派信仰を受け入れたとされていたからだ。実際にはその証拠はなく、アルビはトゥールーズやカルカッソンヌに比べれば、カタリ派の活動はむしろ穏やかなほうだった。にもかかわらず、当時からこの地のカタリ派信徒はアルビジョワの名で呼ばれている。

　カタリ派とは、西洋世界にたびたび登場するグノーシス（認識や知を意味するギリシア語）主義思想の一派である。起源は古く、遠くペルシャで生まれた善悪二元論をベースとする。ゾロアスター教に代表されるような、善神と悪神の対立構図のなかで世界の構造とその起源を説明するものだ。

　それが、ギリシア哲学のフィルターを通過する。ギリシア哲学では私たちが触ることのできる、目に見える物質世界はまやかしであり、真なるものは形而上的な精神世界にしかない。そしてこの考えと善悪二元論をミックスすれば、当然ながら物質（＝肉体）＝悪、精神（＝

魂）＝善、という構図ができあがる。言い換えれば、私たちの善なる魂は悪なる肉体に囚《とら》われていることになる。それならば、私たちが目指すべきは肉体からの魂の解放であり、そのためのグノーシスへの到達にほかならない。ずいぶんと説明を単純化したが、この思想はキリスト教が支配するようになって以降のヨーロッパにおいても、さまざまな形をとって度々あらわれた。

図 138　アルビ、街の外観
タルン川を横切るのは 11 世紀に造られたポン・ヴュー（古い橋）。丘の上に高く突き出ているのはサント・セシル大聖堂の鐘楼で、高さ 78 メートル。

　この思想が異端とされたのにはいくつか理由があるが、とりわけふたつの点において激しく断罪された。

　ひとつは、旧約聖書にあるとおり神は万物の創造主なのだから、すべての物質世界も当然ながら神によって創られたものであり、グノーシス主義者が言うようにそれが悪であるはずがない。この点を説明するために、彼らは物質世界の創造を担当したデミウルゴスなる神を考え出して、父なる神と区別した。し

図 139　サント・セシル大聖堂の外観、アルビ
13 世紀に建てられ始めた教会で、窓が少なく、高くそびえる厚い壁をまとった姿はまるで要塞。

かし、それではもはや一神教とは呼べない。

もう一点は、神的意思そのものであるキリストが地上におりて、人々の目の前にあらわれたことに対する説明の違いである。グノーシス主義ではキリストは悪たる肉体などまとうはずもなく、人々は一種のホログラムを観たにすぎない。ドケティズム（仮現説）と呼ばれるこの解釈によれば、キリストの肉体が受けた痛みや苦しみはまやかしとなる。キリストの受難と、死からの復活を教義の根本に据える正統キリスト教にとって、これらの考えはまったく受け容れられないものだった。

カタリ派はグノーシス主義的として異端とされたが、実際のところ、彼らがどのような教義をもっていたのか完全にわかっているわけではない。ただ、彼らは物質による汚れをなるべく防ぐために、かなり禁欲的な生活を送っており、当時の教会の腐敗ぶりに対する不信や不満もあって信者を徐々に獲得していった。カトリック教会のように整備された組織があるわけではなく、一定の高みに達したとされた者（完徳者と呼ぶ）を導き手とする小さな共同体組織の集合体にすぎなかった。完徳者は肉の汚れを絶つために完全菜食主義を貫き、性行為も遠ざけた。そのためもあって女性の導き手は女性完徳者がつとめており、結果的に女性聖職者の地位向上に結び付いた。旧約聖書を認めず、新約聖書に書かれた教えに盲目的とさえ言えるほど忠実に従った。

一二〇九年の夏、アルビジョワ十字軍として多くの騎士が集まった。

図 140　内陣仕切り（ジュベ、衝立柱）、サント・セシル大聖堂、アルビ

教会ほぼ中央にあり、内陣と身廊を隔てているジュベは、巨大なオルガンを載せ、太い 2 本の円柱からなる門の姿をした、他に例をみない変わった造り。15 世紀末に描かれたジュベの壁画の主題は〈最後の審判〉。

図141　トゥールーズ＝ロートレックの生家（ボスク館）、アルビ
後期印象派の画家アンリ・ド・トゥールーズ＝ロートレックは1864年にアルビで生まれた。足に障害を持っていた彼は、だからこそ踊り子や娼婦のような当時の社会的弱者へと眼差しを向けていた。

多くは北フランスからの参集者で、ドイツなどからの参加者もいた。彼らが勇んで馳せ参じたのは、宗教的情熱からというよりは、経済的な動機が大きかった。というのも、教皇回勅によれば、異端者から奪った土地の権利は貢献した者に帰するとされていたからである。一方、教会から破門され、くわえて十字軍の発動を耳にしたレモン六世は恐れをなし、恭順の意を示し、自領から異端を排除することを教会に誓って赦しを乞うた。しかし、ここで十字軍を中止などすれば集まった騎士たちが怒り狂うことは目に見えている。そこで教皇はレモン六世の破門を解き、十字軍に参加することを認めるにとどめた。皮肉にも、レモン六世は自領に攻め込む権利を与えられたのだ。一方、彼の甥でカルカッソンヌとアルビの領主レモン・ロジェは叔父と異なる道へと進む。

最初に悲劇にみまわれたのは丘の上の街ベジエである。七月二二日の朝、近づいてくる軍を見て、先手をとろうと市兵が先に城門から打って出たのがまずかった。たちまち騎士たちの反撃にあって城門の中に逃げ込むが、戦《いくさ》の素人である信徒たちにはどこまでが味方でどこからが敵かの見分けがつかず、十字軍の兵たちまでが市内になだれ込んできた。そこからはひたすら殺戮である。「すべて殺せ。神は見ておられる」という、それまでも中東地域で唱えられた言葉が繰り返された。

図 142　トゥールーズ＝ロートレック美術館（ベルビー宮）、アルビ

トゥールーズ＝ロートレック作品を中心に、ゴーギャンやマイヨールなど多くの作品からなる美術館は、13 世紀に建てられた司教館ベルビー宮に入っている。堅牢な造りの巨大な建物で、幾何学庭園の中庭をもつ。

図 143　カルカッソンヌ、街の外観
二重の城壁が取り囲む。

　堅牢さで知られた要塞都市カルカッソンヌの攻囲戦は、一二〇九年八月一日に始まった。籠城を覚悟していたシモン・ロジェは、敵が拠点として利用できそうな周辺の家屋を壊して、資材を城内へ食糧などとともに運び込んでいた。三日の朝には総攻撃が加えられたが、城はよくもちこたえた。数日後には城外に投石機と破城槌がやって来て、城壁を攻撃し始める。

　レモン・ロジェは連日の攻撃を前に自ら奮戦してよくもちこたえるが、長引くにつれて城内の食糧が尽き始める。八月一五日、レモン・ロジェと一二名の側近のみ何も持たずに門から出てよいとの条件をのんで、城門は開かれた。それ以降のレモン・ロジェの消息は不明である。約束を反故にされて、捕らえられて獄死したと考えられている。堅固な城塞は、この日から逆に十字軍側の拠点となった。

その後も十字軍は長く続いた。それだけ、この地にカタリ派信徒と自領の独立を守ろうとする領主が多かったということだ。アルビが陥落し、翌一二一〇年にはテルムも征服された。レモン六世があらためて破門され、続く一二一一年にはトゥールーズの攻囲戦が始まる。しかし十字軍がトゥールーズ攻略に手を焼いているあいだに、レモン六世は各地を転戦して自領をかなり取り戻した。その後は一進一退が続き、カタリ派側を支援するアラゴン王、十字軍側で指揮をとるシモン・ド・モンフォールがいずれも戦死を遂げている。

形勢が一気に変化したのは、フランス王自らが十字軍の主力となった一二二六年からのこと。長年の戦闘で疲弊していたカタリ派側諸都市は次か

図 144　石砲弾、コンタル城（カルカッソンヌ城塞）、カルカッソンヌ
カルカッソンヌの城塞へ投石機から撃ち込まれた石砲弾のひとつ。手の大きさと比べてほしい。

ら次へと制圧され、亡くなった父レモン六世の後を継いでいたレモン七世が協定案をのむことで十字軍はいったんの終結をみた。一二二九年四月に結ばれた協約（モーの協約）の内容は、ひとつがレモン七世の娘と、フランス王の弟との結婚である。ほかに、トゥールーズ伯領の縮小といくつかの防御設備の撤去、賠償金の支払いや修道院への寄付などがある。くわえて、後世に多大な悪影響を与えることになる、ある協定が含まれていた。それは異端者をひきつづき探して根絶やしにするだけでなく、異端の疑いのある者を密告した者に報酬を与えるというものだった。

審問では拷問が積極的に導入され、異端信仰を自白した者は火刑台に送られた。苦痛に耐えられず、異端信仰者でもないのにそう自白してしまった人も多かろう。審問官の多くはドメニコ会の修道士だったが、潜伏しながら信仰を続けるカタリ派信徒が多い地域では審問官は激しく憎悪され、実際に住民らに惨殺される事件もいくつか起きている。彼ら信仰者は山の上にある小さな砦などに逃げ込んで拠り所とした。冒頭に引用したモンセギュールの砦はその最後のひとつで、そこでの虐殺を機にほぼアルビジョワ十字軍の騒乱も幕を閉じた。

その後、この地方の異端審問を主導したのは、アルビやカルカッソンヌで修道院長をつとめたドメニコ会士ベルナール・ギーである（エーコの『薔薇の名前』にも登場する）。モーの協約で約束された密告報酬制は告訴件数の増大につながり、ギーだけで千件近い審理をおこなっている。一五世紀からヨーロッパに吹き荒れることになる魔女狩りでも、密告報酬制が採用されたせいで、一人で数百人を処刑台へ送った密告屋が複数出ることになる。異端審問の進め方や質問の内容、処刑法などに関しても、魔女裁判ではカタリ派への異端裁判で規定されたものがベースになっている。

　現在のアルビは、川べりの丘の上にたたずむのどかな街である。まるで要塞のような外観をもつ大聖堂の内部は、天井から衝立柱までびっしりと賑やかな装飾で覆われている。

　一方のカルカッソンヌは、今も二重の城壁に囲まれた、ヨーロッパでも最大級の城塞都市の面影をよく残している。街はアルビジョワ十字軍でかなり破壊されていたのだが、モン・サン・ミシェルと同様に、一九世紀の建築家ヴィオレ＝ル＝デュクが熱心に修復したおかげである。城壁の最も古い部分はガロ＝ロマン時代のものであり、以来、一三世紀まで城壁は拡張、補強されていった。二重の城壁のうち、外側の壁に付けられた櫓は城内側にも矢狭間が付いている。つまり、敵兵が城門を破って外側の壁の内側に入ることができたとしても、今度は両側からの矢で挟み射ちにされるのだ。

殉教の目撃者 —— Nîmes（ニーム）

群衆は固唾をのんで見守った。お互いの目を見合わせ、そして苦痛の現場へ視線を戻した。何の物音もしなかった。泣き声も、ため息さえ聞こえなかった。彼女はすべてを耐えた。「火をつけよ！」と判事が命じた。（…）二万人の観客が目にしたのは、ただ祈りの言葉を繰り返す彼女の唇の動きだけだった。——セイバイン・ベアリング＝グールド、『*Perpetua. A Tale of Nîmes in A.D. 213*（ペルペトゥア　西暦二一三年、ニームでの物語）』より（筆者訳）

かつてローマ帝国で重きをなしていた約二〇の主要都市には、フォールム（広場）とテルム（公衆浴場）とならんで、コロセウム（闘技場）が必ずあった。規模は大小さまざまだが、剣闘士同士の命をかけた戦いや猛獣使いのショー、古代の戦闘の再現試合などは競馬と並ぶ二大娯楽として人気があった。その後、キリスト教の時代になってからはこうした娯楽は一

図 145　円形闘技場（古代闘技場、コロセウム）、外観

図 146　円形闘技場、内観

掃され、教会を建てるための建材として大理石が持ち去られるなどして、ローマの遺構は姿を消していった。

イタリアのルッカのように、残された基礎部分の上に住居が建てられたため、きれいな楕円形の広場ができたケースもある。ローマのコロッセオやヴェローナのアレーナのように、部分的に破壊はされたものの今も往時の威容を伝えている例もある。そしてそのなかで、当時の姿を最もよく保存しているとされるのが、南フランスの街ニームに残る闘技場である。

一世紀末から二世紀初頭にかけて建てられたと思われる円形闘技場は、長直径一三三メートル、短直径一〇一メートルのゆるやかな楕円を描くプランに基づいている。中央のアレーナ（グラウンドに相当）のサイズは六九×三八メートル。最大で二万四千人の収容が可能で、ローマのコロッセオの約半分、帝国内では九番目の中堅ランクに位置していた。アレーナを三四段からなる階段状の観客席がとりまき、最上階で二一メートルの高さがある。さらに当時は壁の外側に棒を立て、そこからロープを空中に張ってシェードを広げたり閉じたりできるようになっていた。天候にあわせて開閉できる屋根付き競技場だったわけで、現代のスタジアムでもすべてにあるわけではない機能がすでに備えられていた。

エレベーターなどない時代には、階段席は上に行くほど安い席となる。一番下の階は貴族や議員の席であり、その上の階には小貴族や従騎士、大商人たちがいた。続いて一般市民や近隣農民、そして解放奴隷のブロックへと上っていった。戦う剣闘士たちは奴隷身分であり、何試合か勝利を重ねた者は今の映画スターも及ばぬほどの人気を得た。なかにはそこから解放奴隷の身分を勝ち取る者もいたが、彼らの陰で無数の敗者が虚《むな》しく散っていった。

さて一世紀の後半には、キリスト教が帝国領内で少しずつ着実に広まり始めた。この新興宗教は東地中海からやってきて、信者を急速に増やしながら西ヨーロッパに入ってきた。誤解が多いのだが、キリスト教徒とローマ信徒との間に、当初はさほど深刻な対立はなかった。ただ、最後の審判での肉体の復活を信じるキリスト教徒は死者を土葬するため、火葬を習慣とするローマ信徒の目には奇異に映り、また衛生上の観点からも都市の郊外に墓地を造るよう指示された。これが各地に残るカタコンベ（地下墓所）である。

無宗教の者などいなかった当時のヨーロッパにあって、あらたな信者の獲得とはすなわち、布教によってそれまでの多神教の信仰を捨てさせることを意味する。このことは多神教文化への一神教の侵入としてだけでなく、国家体制を揺るがしかねない危険性を孕《はら》んでいた。なぜなら、ローマ皇帝自ら現人神《あらひとがみ》（生きながらにして神である存在）として多神教の神々の一角を占めていたところへ、キリスト教はただひとつの神しか信じてはならぬと迫るのだ。自らの地位を脅《おびや》かすこの新興宗教に対し、ほどなくローマ皇帝たちは追放や迫害で応じることになる。

やがて大迫害が始まった。布教をしている者は端から捕らえられ、多神教への改宗を拒否するものには死罪が適用された。こうして初期の布教段階で、キリスト教はかなりの犠牲者を出した。ローマの大火の責任をなすりつけるためにも強化されたネロ帝による大迫害などは、後にキリスト教の世になってからの誇張は多少あるだろうが、非常に激しいものだったと思われる。

当時の処刑は、他の文明でも同様だが、公開でおこなわれた。抑止効果を期待してのみせしめとしてであり、また同時に、娯楽の少ない時代にあっての重要なイベントでもあったのだ。そのため処刑は時間をかけてもったいをつけながら進められた。たいていは複数の罪人を同じ日にひきずりだし、罪状がながながと読み上げられ、内容に応じて絞首刑や火刑などが執行された。ローマ市民たちは剣闘士同士の殺し合いを見慣れているからこそ、猛獣に襲わせるなどいくつもの種類の処刑方法が用いられた。

しかし、処刑する側が予期せぬことが帝国中で起きた。それは、彼ら殉教者たちが取り乱したり抵抗しないことがしばしばあったことだ。

図 147
円形闘技場の最上階から、ニームの街を望む
左に写っている教会が、聖ペルペトゥアに捧げられたサント・ペルペテュ聖堂。

彼ら殉教者は奇跡をおこなうことと同じ扱いで後に列聖されたが、こうした「死に際しての無抵抗」は、彼らをことさらに英雄視するための後世の脚色だけともかぎらない。なぜなら、キリスト教と他の多くの宗教との大きな違いのひとつは、そのはじまりとなったキリスト自身が刑死した点にあるからだ。キリストの死による贖罪と復活を、そして死後の救済を信じる彼らにとって、自分たちも同様に刑死で果てることで救済されると信じることができたのだ。そのため、血も凍るような残虐さで処刑される直前でも、信者たちはそれまでローマ市民たちが見たことのないような毅然とした態度を示すことが少なからずあったのだろう。そのような光景を目にした一般市民が、この宗教がもつ底知れぬ力を感じとったとしても不思議ではない。事実、迫害時代にも信者の数は増加の一途を辿った。

冒頭に訳出した文は、ニームの闘技場での聖

図 148　マーニュの塔

「大きな塔」の意。街で最も高い丘の上にあり、古代から物見櫓的な機能を果たしていたと思われる。現在の高さは 34 メートルで、内部の螺旋階段を上って屋上から街を一望することができる。

ペルペトゥアの処刑場面である。中世のベストセラーといえるヤコブス・デ・ウォラギネの『黄金伝説』にも記されており、聖ブランディナと同様に、円形闘技場で刑死した女性信徒のひとりである。彼女はカルタゴの貴族の娘とされ、自らのキリスト教信仰を棄てることを拒否したため、やはり信者となっていた自分の女奴隷や他の者たちとともに闘技場に引き出された。何年のことかは文献によって諸説あるが、おそらくは二〇三年頃と考えられている。特記すべきことは、彼女が獄中で日記を書いており、それをもとに殉教録が作られた点である。彼女には夫も子もいたので、法廷で両親と夫から信仰を棄てるように懇願される。しかし彼女は信仰の敵だと彼らを退け、殉教の道を選んだ。ライオンに食い殺されたとするものと、炎で焼かれたと伝えるものとがある。

往年の姿を今によく伝えているニーム闘技場の階段席に座る時には、一八〇〇年前のローマの建築技術とその壮大さに感嘆すると同時に、そこで数えきれないほどの剣闘士や殉教者が命を落とした事実に思いを馳せたいものだ。フランス最古のローマ都市とされるニームには、ありがたいことに古代への憧憬をかきたてる遺跡がほかにも多くある。紀元前六世紀頃から、この地にはケルト系先住民族のウォルカエ族の集落ができていた。今も残るマーニュの塔は、彼らが造った塔をもとに、紀元前一世紀に造り直されたものだ。

紀元前一二一年からローマがこの地域の支配に乗り出し、コロニア・ネマウサ（植民地ニームの意）として植民都市化していった。この時代に造られた公衆浴場や半円劇場はその後失われたが、廃墟と化したディアーナの神殿跡をフォンテーヌ庭園に見ることができる。その後、共和政ローマの帝政への移行をうけて帝国植民地となり、西暦五年にはギリシア風の神殿（現在のメゾン・カレ）が完成している。

そうした古くからの遺跡をなるべくそのままの姿で残しながら、一方で新市街区では大胆な近代建築を展開するなど、ニームは新旧の文化を融合させるべく模索を続けている。そして常に街のシンボルであり続ける円形闘技場のそばには、広場を挟んで、聖ペルペトゥアに捧げられた教会が自らの命を奪った闘技場をずっと睨《にら》み続けている。

図 149　ディアーナ神殿跡、フォンテーヌ庭園

おそらく 2 世紀前半の建造で、中世には修道院として利用された。宗教戦争のあおりをうけ、16 世紀に破壊された。

図 150　メゾン・カレ

奥行 26、幅 15、高さ 17 メートル。初代皇帝オクタヴィアヌスの二人の孫に捧げられた。ローマ帝国時代に領内に建てられた神殿のうち、最も保存状態が良い。

最後の授業 —— Strasbourg（ストラスブール）

「みなさん、私が授業をするのはこれが最後です。アルザスとロレーヌの学校では、ドイツ語しか教えてはいけないという命令が、ベルリンから来ました……　新しい先生が明日見えます。今日はフランス語の最後のおけいこです、どうかよく注意してください。」——アルフォンス・ドーデー、「最後の授業」、『月曜物語』所収（桜田佐訳）

一八七〇年、フランスとプロイセンとの間で戦争（普仏戦争）が始まった。当時のフランスは、ナポレオンの甥にあたるナポレオン三世による第二帝政期にある。

戦争のきっかけは少々複雑で、アメリカ合衆国の建国とフランス革命がその遠因となった。それまで西欧列強の植民地にされていた地域では、独立を勝ち取ったアメリカと王政を打破したフランスの例をみて、独立の気運が一気に高まった。スペインが植民地としていたキューバなど多くの地域で独立運動が始まり、スペインは各地に出兵を強《し》いられて財政が急速に悪化。一八六八年にはついに軍部クーデターが勃発して女王イザベル二世はパリへ亡命した。

女王はわが子へ王位を譲るが、スペイン軍部がこれを認めるはずもなく、プロイセンの保護下にある領邦から独自に候補者を立てた。プロイセンとは長年ライヴァル関係にあるフランスとしては、スペインへのプロイセンの影響力が増すことは避けたい。これが開戦の理由だが、その裏にはさらにもうひとつの動因がある。それは、ドイツ統一を悲願とするプロイセンの宰相ビスマルクの策略である。現代でもしばしば見られる手法だが、ナショナリズムを高めて国内をまとめるためには、外敵を作るのが最も手っ取り早いからだ。

しかしいざ戦いが始まると、準備万端のプロイセンには歯が立たず、セダンの戦いでナポレオン三世自身が捕虜となった。皇帝は廃位されて第二帝政が終了、フランスは第三共和政の時代を迎えた。

この時、ドイツ側が講和条件として要求してきたのがアルザス＝ロレーヌ地方の割譲だった。フランス政府がこれを拒否したことでたちまち戦闘再開。パリは包囲され、メスで一八万ものフランス兵が捕虜となる大敗を喫する。食料の外部供給が途絶えたパリでは鼠の肉まで販売されるような状況のなか、プロイセン国王は占領中のヴェルサイユ宮殿でドイツ皇帝として即位した。フランス側はこれ以上耐えられず、一八七一年一月二八日に休戦協定に調印し、五月一〇日に講和条約が締結された。アルザス＝ロレーヌ地方はドイツに併合されてエルザス＝ロートリンゲンとなった。

『風車小屋だより』などで知られるニーム出身の小説家アルフォンス・ドーデは、条約締結後ほどなく「最後の授業」をフランスの新聞で発表した。ある朝、フランツ少年がいつものように遅れて学校に着くと、なにやら様子がおかしい。いつも授業の始まりはざわざわとやかましいのに、その日はひっそりと静まり返っている。フランツがバツが悪そうに教室に入っても、アメル先生は怒ることなく、優しい声で席に着くように言う。それから先生が発した言葉が冒頭の引用文で、生徒たちは衝撃をうけ、あぁ、もっとちゃんと勉強しておけばよかったとフランツは後悔するのだった。

なぜこのような「誰でも知っている話」のあらすじをあらためて述べているのかと思われた方もいるに違いない。小学校の教科書に載っていたような話を。しかし実は、昭和二（一九二七）年から日本の教科書に採用されていたこの物語は、一九八四年を最後に不採用となり、それ以降に小学校に通った者はこの話を（少なくとも学校では）読んだことがないのだ。占領地の住民に、もともとの母語ではなく統治者の公用語の教育を強制する話が、日本が戦時中にとった政策と被るために不採用となった面もおそらくあるだろう。それに加えて、ド

図 151　プティット・フランス
イル川がライン川に合流する前に、街の手前で四つの支流に分かれる。このあたりをプティット・フランス（小フランス）と呼び、昔ながらの街並みが美しい景観を作り出す。写真はヴォーバンの水門から撮ったところで、クヴェール橋で繋がれた中州と、その奥に大聖堂の鐘楼が見える。

ーデがこの事件を一方向からしか見ずに書いたことが指摘された点も、不採用の原因となった。その背景は、まさにアルザス＝ロレーヌ地方が辿った歴史の複雑さを示している。

　この地方の中心都市であるストラスブールは、「街道の街」を意味するその名のとおり、水の街道たるイル川がライン川と合流する地点にあり、フランスとドイツを繋ぐローマ街道も通る交通の要衝である。その重要性から紀元前一世紀にローマが軍の駐屯地を置き、港を設けた。

街の東のすぐ端に流れるライン川は、かつてはローマ帝国とゲルマニア（ゲルマン人の地）の境界線であり、現在もドイツとフランスの国境線を成す。

この地理的条件のため、この街は幾度となく領有争いの対象となった。ローマとゲルマン人の間で、さらにはローマとフラン族の間で。それからフランク族が支配し、続いて神聖ローマ帝国領となった。一〇世紀の終わりには教会がおさめる司教都市となり、その一五〇〇年後には市民が司教を打倒して実質的な自治都市となり、街は自由貿易によって大いに発展した。

しかし絶対王政の時代を迎えると、街はその勢力争いに呑み込まれていく。ハプスブルク家とフランスのブルボン家との対立を動因のひとつとする三〇年戦争の勝利をもって、フランス王ルイ一四世

図 152　水路沿いの景観
イル川の支流にかかるサン・マルタン橋からの眺め。水上席をもつ緑のレストランの右奥に見えるのが、木組みがむき出しのコロンバージュ様式の家々。古いものはたいてい上階部分から外に張り出しているが、これはかつて地階の床面積に応じて税額が算出されていたため。

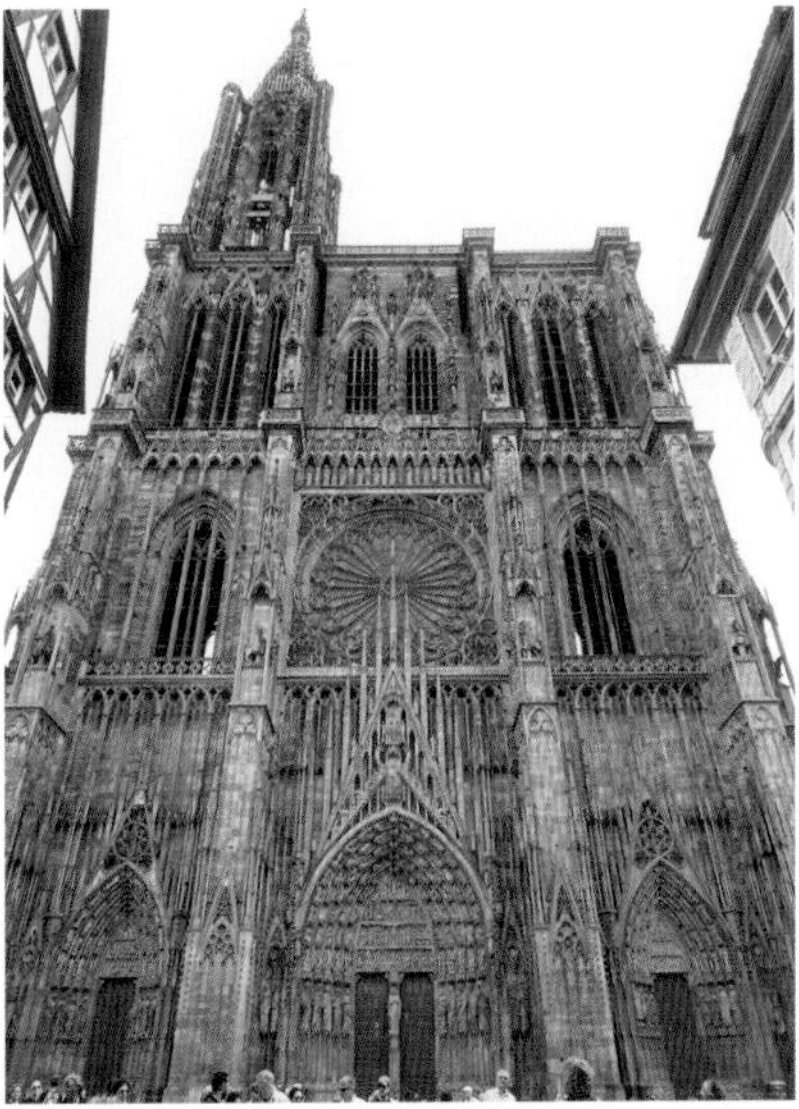

図 153　ノートルダム大聖堂、外観
11 世紀初頭に建設が始まった赤い大聖堂は、近隣で採れるピンク砂岩を建材としている。鋭い尖塔をもつゴシック様式の鐘楼は高さ 142 メートル。拡張と改修を経て、1439 年に現在の外観となった。正面の三つの扉口のうち、右の扉口の門柱彫刻群が「美徳と悪徳」の対をあらわす〈賢い女たち〉と〈思慮に欠ける女たち〉。

はアルザス＝ロレーヌを手に入れ、それまでシュトラースブルクと呼ばれていたこの街は、一六九七年からはストラスブールというフランス語読みで発音されるようになる。普仏戦争が起きてまた統治者が交代するのは、それから二世紀ほど後のことにすぎない。

しかしそれでも交代劇は終わらない。第一世界大戦の結果、この地方はまたフランスに帰し、そして第二次大戦中には言うまでもなくドイツの支配下に入った。それから終戦後にフランス側に戻って今に至るわけだが、ざっと振り返るだけでもこれほど頻繁にストラスブール市民は上に戴く者の交代劇を見てきた。こうした歴史があるからこそ、ＥＵが欧州評議会と欧州人権裁判所を置く場所としてこの街を選んだのだ。

ドーデが一方向からしか見ていないと批判されるのは、上述したような複雑な交代劇のうちの一度だけを切り抜いて、ずっとフランス側にあったものがドイツ側に占領されたとの印

図 154　ノートルダム大聖堂、天文時計

大聖堂には 16 世紀から機械仕掛けの時計が設置され、1838 年に現在の大型の天文時計が南翼廊に組まれた。12 時半になると、機械仕掛けの人形が一斉に動き始める。

図 155 〈誘惑者と思慮に欠ける女たち〉、1280-90 年頃、ノートルダム大聖堂附属美術館
ノートルダム大聖堂の正面南側扉口にあったもののオリジナル作品で、大聖堂には現在レプリカが飾られている。誘惑の実を手にした誘惑者の背中には、蛇や蛙がへばりついていることがおわかりだろうか。思慮に欠ける女たちは誘惑にあらがうことができず、衣服に手をかけて自ら脱ごうとする仕草をする者もいる。

象を与えることがそのひとつの理由である。またこの小説がおさめられた『月曜物語』の他の短編のなかで、ドイツ人が人殺しだの泥棒だの一方的に罵られていることも、少し影響はあるだろう。しかしそれ以上に、そもそもアルザス゠ロレーヌ地方の言語が、政治史と同様に複雑な歴史を辿っており、ドーデがそうした背景を無視している点で、この小説はたしかに実態を正確に反映していないのだ。

事実、小説ではフランツ少年がこれまでの不勉強を反省するなかで、「やっと書けるくらいに」なっただけなのにもう教えてもらえないのか、と嘆く場面がある。そう、彼はフランス語をまともに書くことができないのだ。なぜなら、この地方で話されていた言語はドジン語という方言であり、むしろドイツ語に近い。彼らにとって、フランス語でさえ占領者がもたらした言語にほかならない。

こうした背景を知ってから読めば、アメル先生が最後の授業で「フランス語は世界じゅうでいちばん美しい」と力説するくだりも、やはり征服者の驕《おご》りと聞こえても間違いではないだろう。だからといってこの小説を教科書から外すのではなく、むしろ国家と言語の関係などについて考えるための教材とする選択肢もあるのではなかろうか。

ストラスブールの街には水路が張り巡らされ、ため息がでるほど美しい景観を創り出している。その水路はフランス東部を流れ、国境線を成す大河に合流する。木組みがむき出しになったコロンバージュは、ここを中心に、ベルギーやドイツ西部の国境地帯の小さな町でも見ることができる。大聖堂がフランスのゴシック様式で建てられている一方、美術館におさめられた写実的な彫刻群はドイツからの影響だ。

つまりストラスブールは、この地を通って行き来するさまざまな文化圏が混ざり合ってできた街であり、その重層性にこそこの街の魅力はあるのだ。

図 156　ストラスブール鉄道駅の外観
ストラスブールは古くなった駅舎を壊すことなく、大きなドーム状の透明な構造物で覆った。建造物の保存になるだけでなく、近代建築のあらたな試みともなっている。古き良き姿を後世に残すと同時に、新たなものが生まれる機会を積極的に創り出す点は、同じく古い建造物を多く持つ日本も見習いたい。

後記にかえて

大きなものと小さなもの —— Chartres（シャルトル）

フランスのゴシック建築を代表するシャルトル大聖堂は、特徴的な外見をしている。天へとのびる双塔の形が左右で異なるのだ。理由は建造された時代が異なるからで、一〇五メートルと少しだけ低い右の南塔は一二世紀なかば、左の一一五メートルの高さの北塔が一六世紀初頭のものだ。もとは北塔のほうが南塔より一〇年早く完成していたのだが、一一九四年の大火災で焼け落ちてしまった。再建にも時間がかかり、身廊の天井部などにつづいて着手された新北塔が完成するまでには火災発生から三〇〇年以上を要した。

この教会の歴史はフランスの教会堂のなかでも際立って古く、もともとドルイド僧の聖域だったことが記録されている。キリストを産む前のマリアにすでに捧げられていた聖所があったという、首をかしげるような伝説もある。

たしかにこの地の聖母信仰は古く、六世紀頃には聖母に捧げられた祭壇があったようだ。マリアが着ていた衣とされる聖遺物が寄進された九世紀からは巡礼地となり、ヨーロッパ中

図 157　シャルトル大聖堂

図 158　〈美しきガラスの聖母子〉、13 世紀、シャルトル大聖堂

から巡礼者がやってきた。しかしその長い歴史のあいだには、他の教会堂と同様に何度も火災や攻撃をうけ、なかでも八五八年のノルマン人の侵攻時には多くのキリスト教徒が殺害され、クリプタ（地下聖堂）に残る井戸に遺体が投げ込まれたと伝えられる。

　シャルトルの大聖堂は、先の大火災に遭うまでに、すでに三度も建て直されていた。そして一三世紀の再建後もさらに何度か被害を受けては補修され、拡張されて今に至る。そのため、長さ二二〇メートルとフランス最大のサイズを誇るクリプタは一一世紀のもの、フランス最大規模とされるステンドグラスは一二世紀から一三世紀にかけてのもの、緑色をした屋根は一九世紀に架け替えられたものと、この教会堂はさまざまな時代に手が加えられてきた。この大聖堂に限った話ではないが、これほどの巨大なモニュメントが今に残っているのは、途方もない時間のなかで無数の人々が力を尽くしてきたおかげなのである。

図 159　サン＝フォールの井戸、シャルトル大聖堂クリプタ
古くは病人を癒す水をもたらすとされたが、858 年のノルマン人襲撃時に多くの人が深さ 33 メートルのこの井戸に投げ込まれた。

図 160　ウール川にかかる太鼓橋

大聖堂の近くを流れるウール川沿いは、シャルトルの最も古い区域。中世期の洗濯場や船着き場、太鼓橋などがそのままの姿で残っている。

一方で、まったく異なる生まれ方をしたモニュメントもある。シャルトル大聖堂から一キロメートルほどのところにある「ピカシェットの家」は、たった一人の手によって造られた。それも、建築家や彫刻家ではない、墓守を生業としていた人物によってである。

一九〇〇年にシャルトルの貧しい家庭に生まれたレイモン・イシドールは、小学校を出てすぐに働き始め、いくつかの職を経た後、墓地の掃除夫となった。二四歳で針子をしていたアドリエンヌ・ロランと結婚。彼より一一歳上で、前夫との間にできた三人の連れ子がいた。

真面目を絵にかいたような夫婦で、生活は慎ましかった。彼の趣味といえば、せいぜい絵葉書を集めることぐらいだった。各地の名所の写真が印刷された葉書を見て、行けもしない旅を夢想するのだ。そして地道な努力が実り、二九歳で小さな土地を手に入れた。彼は義理の子たちに手伝ってもらいながら、自力で家を建て始めた。

そうしたある日、彼は掃除中に拾った陶器のかけらを見て、ふとそれを塗ったばかりの漆《しっ》喰《くぃ》の上から貼ってみた。それからは、陶器やガラス瓶の破片を拾っては、絵葉書を参考にモザイク画を作ることに熱中した。毎日、仕事が終わってからと、日曜日は一日中。三六五日、休むことなく。仕事場で拾うだけでは足りず、公共のゴミ捨て場に行っては拾うため、村の人は彼をピカシェットと呼ぶようになった。会食などに姿を見せては食べ物をもらっていく人のことを意味する。

主題は絵葉書で見たものが多く、各地の教会や景観もあれば〈モナ・リザ〉のような絵画もあった。妻が「あなたのモナ・リザは醜いわね」と言うと、「おまえが怒った時の顔だよ」と返してきたと、後に妻は語っている。そして五六歳で隣の地所を買い足し、そこに礼拝堂を造り始めてからは、宗教主題に没頭した。

信仰心の篤い妻を喜ばせるためもあったが、彼自身の遠い体験も反映していたのだろう。

図 161　ピカシェットの家

「黒い庭」と呼ばれる中庭では、白と灰色を基調とするモザイク画で床と壁一面が覆われている。正面の祭壇風の台の上と、屋根の上にシャルトル大聖堂を模した彫刻がある。正面の壁の向こうは礼拝堂。

というのも、彼は幼い頃に一時期視覚に障害を抱えて、大聖堂の聖母子像の前で家族で祈っていた時に快癒し、奇跡が起きたと皆で喜んだことがあったからだ。そうしたことも、彼の信心深さの一因となったに違いない。

　最初は馬鹿にする者も少なくなかったが、長年続けていくうちに、彼のモザイク画は多くの人を驚かせるほど質も高くなっていく。そして規模が徐々に大きくなるにつれて、メディアが彼に興味を持ち始め、記者たちが取材に訪れた。好意的なものもあれば、そうでないものもあった。訪問者は増え続けたが、彼はそのたびに隠れるようになってしまう。その頃の彼は、見た夢をもとにモザイク画の制作を続けていたが、ある日、夢のなかで世界の終末のヴィジョンを見てしまう。ついに彼は精神に異常をきたし、発作を起こしては精神病院への入退院を繰り返した。そしてある嵐の夜、彼は野原をさまよい続け、翌朝、道端で発見された。六四回目の誕生日の二日前だった。

彼がたったひとりでひとつずつ拾い集めた破片の数は、全部で四〇〇〇万個。総重量は一五トンに達する。そうやって今に残された作品にかけられた、彼のような創り手の熱意の総量こそが、私たち訪問者の胸を打つ。

図 162　ピカシェットの家のモザイク壁画部分
色とりどりの陶器やガラスの破片によって、鹿と人々の顔や花が見事に造形されている。

大聖堂や城のように多くの人がエネルギーを注いで出来上がったものもあれば、ピカシェットのようにたった一人が造ったものもある。古代の列石柱や洞窟壁画から、料理法や映画、ワインにマスタード、パステルにアール・ヌーヴォー、そして現代の都市再生に至るまで。

本書でとりあげたフランスのさまざまな魅力を作り上げてきた人々の想いの前では、規模の大小や当時の評価などささいなことだ。異なる文化圏に生きる私たちが、自分たちの文化と歴史の価値を理解し、大切に次の世代へ伝えるためにも、他国の例を知ることは無益ではないと信じている。

本書は、『イタリア　24の都市の物語』『美しきイタリア　22の物語』に引き続き、光文社の小松現氏にお声がけいただいた。この場をお借りして厚く感謝申し上げたい。

本書を成せたのは、作品調査やさまざまな取材の折にフランス各地に寄る機会に恵まれたおかげである。そうした機会を与えていただいた勤務先や各研究機関、諸財団や各種メディアに、あらためて深く感謝の意を示したい。

２０２４年５月

池上英洋

蔵持不三也、『ペストの文化誌　ヨーロッパの民衆文化と疫病』、朝日新聞社、1995 年。

島田紀夫、『モネ』、小学館、2006 年。

杉崎泰一郎、『修道院の歴史　聖アントニオスからイエズス会まで』、創元社、2015 年。

高橋一佳、藤澤あや子、小田カヅエ、「「最後の授業」（アルフォンス・ドーテ）再教材化の試み」、『岩大語文』、岩手大学語文学会、2010 年、Vol.15, pp. 100-116.

辻本敬子、ダーリング益代、『図説　ロマネスクの教会堂』、河出書房新社、2003 年。

都築響一、木俣元一、『フランス　ゴシックを仰ぐ旅』、新潮社、2005 年。

新関公子、『ゴッホ　契約の兄弟　フィンセントとテオ・ファン・ゴッホ』、ブリュッケ、2011 年。

府川源一郎、『消えた「最後の授業」　言語・国家・教育』、大修館書店、1992 年。

堀越孝一、『ブルゴーニュ家』、講談社、1996 年。

堀米庸三、『正統と異端　ヨーロッパ精神の底流』、中央公論新社、2013 年。

真砂博成、『五月の嵐　ドイツ電撃作戦とダンケルク』、学習研究社、2001 年。

森田恒之、『画材の博物誌』、中央公論美術出版、1986 年。

山本博、『ワインの女王　ボルドー・ワインのすべて』、早川書房、1990 年。

湯原かの子、『藤田嗣治　パリからの恋文』、新潮社、2006 年。

渡邊昌美、『異端者の群れ　カタリ派とアルビジョア十字軍』、八坂書房、2008 年。

俊一監修、山田美明訳、創元社、2013年。

フランソワーズ・ベック、エレーヌ・シュー、『ケルト文明とローマ帝国　ガリア戦記の舞台』、鶴岡真弓監修、遠藤ゆかり訳、創元社、2004年。

レジーヌ・ペルヌー、『奇跡の少女　ジャンヌ・ダルク』、塚本哲也監修、遠藤ゆかり訳、創元社、2002年。

ホイジンガ、『中世の秋』上・下巻、堀越孝一訳、中央公論社、1976年。

パスカル・ボナフー、『ゴッホ　燃え上がる色彩』、嘉門安雄監修、高橋啓訳、創元社、1990年。

ジャン・メイエール、『奴隷と奴隷商人』、猿谷要監修、国領苑子訳、創元社、1992年。

ジャン-ピエール・モエン、『巨石文化の謎』、蔵持不三也監修、後藤淳一、南條郁子訳、創元社、2000年。

ヤコブス・デ・ウォラギネ、『黄金伝説４』前田敬作、山中知子訳、平凡社、2006年。

ジョン・リウォルド、『印象派の歴史』、三浦篤、坂上桂子訳、角川学芸出版、2004年。

モニク・リュスネ、『ペストのフランス史』、宮崎揚弘、工藤則光訳、同文舘出版、1998年。

アントニー・ローリー、『美食の歴史』、池上俊一監修、富樫瓔子訳、創元社、1996年。


『万国博覧会と人間の歴史』、佐野真由子編、思文閣出版、2015年。

池上俊一、『少女は、なぜフランスを救えたのか　ジャンヌ・ダルクのオルレアン解放』、NHK出版、2023年。

ヴァンソン藤井由実、『フランスのウォーカブルシティ　歩きたくなる都市のデザイン』、学芸出版社、2023年。

馬杉宗夫、『黒い聖母と悪魔の謎』、講談社、1998年。

岡田晋、『映画の誕生物語　パリ・1900年』、美術出版社、1980年。

岡田哲、『たべもの起源事典　世界編』、筑摩書房、2014年。

之日本社、1991 年。

『ロワールの城　ミシュラン・グリーンガイド』、実業之日本社、1991 年。

バーバラ・ウィートン、『味覚の歴史　フランスの食文化　中世から革命まで』、辻美樹訳、大修館書店、1991 年。

レナード・ウルフ、『青髯ジル・ド・レー　悪魔になったジャンヌ・ダルクの盟友』、河村錠一郎訳、中央公論社、1984 年。

ウンベルト・エーコ、『薔薇の名前』上・下巻、河島英昭訳、東京創元社、1990 年。

ユリウス・カエサル、『ガリア戦記』、近山金次訳、岩波書店、1942 年、改版 1964 年。

フランソワーズ・カシャン、『ゴーギャン　私の中の野性』、高階秀爾監修、田辺希久子訳、創元社、1992 年。

エリザベート・クラヴリ、『ルルドの奇跡　聖母の出現と病気の治癒』、船本弘毅監修、遠藤ゆかり訳、創元社、2010 年。

ジェラール・クーロン、ジャン＝クロード・ゴルヴァン、『絵で旅する　ローマ帝国時代のガリア』、瀧本みわ、長谷川敬訳、マール社、2019 年。

アレクサンドル・デュマ、『モンテ・クリスト伯』全 7 巻、山内義雄訳、岩波書店、1956 年。

アルフォンス・ドーデー、『月曜物語』、桜田佐訳、岩波書店、1936 年。

フェルナン・ニール、『異端カタリ派』、渡邊昌美訳、白水社、1979 年。

ジョルジュ・バタイユ、『ジョルジュ・バタイユ著作集　ジル・ド・レ論　悪の論理』、伊東守男訳、二見書房、1970 年。

シルヴィ・パタン、『モネ　印象派の誕生』、高階秀爾監修、渡辺隆司、村上伸子訳、創元社、1997 年。

ジャン＝ポール・ブリゲリ、『モン・サン・ミシェル　奇跡の巡礼地』、池上俊一監修、岩澤雅利訳、創元社、2013 年。

アンヌ・ブルノン、『カタリ派　中世ヨーロッパ最大の異端』、池上

Patrick Demouy, *Reims: The Palais du Tau*, Éditions du Patrimoine, 2008/2015.

Chantal Fraïsse, *Moissac: Histoire d'une abbaye: Mille ans de vie bénédictine*, La Louve éditions, Cahors, 2006.

Paul Fuks, *La Maison Picassiette*, Les amis du musée des Beaux-Arts de Chartres, 2019.

Sylvain Gagnière, *Le Palais des Papes d'Avignon*, Caisse nationale des monuments historiques et des sites, 1979.

Nicole Garnier-Pelle, *Vatel*, Collection Château de Chantilly, 2022.

Adrien Goetz, *Monet at Giverny*, Gourcuff Gradenigo, 2015.

Guy de Maupassant, *Le Horla*, P. Ollendorff, 1887/1895.

Madeleine Klein-Ehrminger, *Our Lady of Strasbourg Cathedral-Church*, Éditions Lescuyer, 1984.

Peter Kurmann, Alain Villes, *Raims: Cathédrale of Notre-Dame*, Éditions du Patrimoine, 2019.

Giovanna Magi, *All Avignon*, Bonechi, 1980.

Jean-Pierre Mohen, *Les alignements de Carnac*, Éditions du Patrimoine, 2000.

Jean-Pierre Panouillé, *The City of Carcassonne*, Éditions du Patrimoine, 2001/2014.

Didier Poux, *Albi*, Apa-Poux Editions, 2017.

Bertrand Schnerb, *Les Grands Ducs de Bourgogne*, Tour Jean sans Peur, 2009.

Jean-Charles Stasi, *Dunkerque 1940: Opération Dynamo*, Heimdal, 2017.

『ノートルダム・ド・ラ・ペ　フジタ礼拝堂』、ed. Lamia Guillaume, Éditions Snoeck, 2019.

『フランス　ミシュラン・グリーンガイド』、実業之日本社、1993 年。

『プロヴァンス　南フランス　ミシュラン・グリーンガイド』、実業

主要参考文献

Bernadette: Lourdes 1844 – Nevers 1879, Société MSM, 2010.
Focus Jeanne D'Arc Orléans, Villes & Pays d'Art & d'Histoire, 2011/2020.
L'Abbaye Saint-Victor de Marseille, ed. Jean Pierre Ellul, Sté. PEC, 1997.
Lourdes: Bernadette – The Apparitions – The Sanctuaries, Doucet Publication, 2019.
Marseille: 2600 ans d'histoire, ed. Christine Poullain, etc., Éditions Beaux Arts, Musées d'Histoire de Marseille, 2013.
Œuvre Notre-Dame Museum: Arts of the Middle Ages, Éditions des Musées de Strasbourg, 2021.
The Villa Lumière, Institut Lumière, 2020.
Tiffauges Castle, Vendée Le Département, 2017.
Villa Majorelle, Monument historique / Culture à Nancy, 2022.
Sabine Baring-Gould, *Perpetua. A Tale of Nimes in A.D. 213*, E. P. Dutton & Company, 1897.
Lucien Bély, *Mont Saint-Michel*, ed. italien, Éditions Ouest-France, 2008.
Olivier Blanchard, Alain Gerard, *In the footsteps of Gilles de Rais: the Bluebeard of Legend*, Éditions L'Etrave, 1985.
Pierre Bouet, *Guillaume le Conquérant et les Normands au XIème siècle*, Charles Corlet, 2000.
Pierre Bouet, François Neveux, *La Tapisserie de Bayeux: Révélations et mystères d'une broderie du Moyen Âge*, Éditions Ouest-France, 2018.
Catherine Chédeau, Sophie Jugie, *Le Palais des Ducs et des États de Bourgogne*, Éditions du Patrimoine, 2007.
Brigitte et Gilles Delluc, *Lascaux Le guide*, Éditions Sud Ouest 2018.

本文デザイン　板倉　洋
本文写真　著者

池上英洋（いけがみひでひろ）

美術史家。東京造形大学教授。1967年広島県生まれ。東京藝術大学卒業・同大学院修士課程修了。専門はイタリアを中心とした西洋美術史・文化史。著書に、『レオナルド・ダ・ヴィンチ 生涯と芸術のすべて』（第4回フォスコ・マライーニ賞）『西洋美術史入門』『死と復活』（いずれも筑摩書房）、『イタリア　24の都市の物語』『美しきイタリア　22の物語』（いずれも光文社）、『神のごときミケランジェロ』（新潮社）、『「失われた名画」の展覧会』（大和書房）、『錬金術の歴史』『イタリア・ルネサンス』（いずれも創元社）など。日本文藝家協会会員、美術評論家連盟会員。

フランス　26の街《まち》の物語《ものがたり》

2024年6月30日初版1刷発行

著　者 ―― 池上英洋
発行者 ―― 三宅貴久
装　幀 ―― アラン・チャン
印刷所 ―― 堀内印刷
製本所 ―― ナショナル製本
発行所 ―― 株式会社光文社
東京都文京区音羽1-16-6（〒112-8011）
https://www.kobunsha.com/
電　話 ―― 編集部03（5395）8289　書籍販売部03（5395）8116
制作部03（5395）8125
メール ―― sinsyo@kobunsha.com

 ISBN 978-4-334-10354-5

光文社新書

1294

スカウト目線の現代サッカー事情

イングランドで見た「ダイヤの原石」の探し方

田丸雄己

育成の進歩、移籍競争の激化、データでの目利きなど、サッカー界の最前線で起きていることを英国で活動する若きスカウトが分析するとともに、謎に包まれたスカウトの仕事を語る。

978-4-334-10221-0

1295

創作者の体感世界

南方熊楠から米津玄師まで

横道誠

天才たちの仕事を読み解く鍵は、発達障害に通じる特性が握っていた？　発達障害と診断された文学研究者が、自身の「感」と「知」で文献を渉猟。「障害」の意味を読み替える「当事者批評」実践の書。

978-4-334-10222-7

1296

大江健三郎論

怪物作家の「本当ノ事」

井上隆史

大江健三郎とは何者だったのか――。「奇妙な仕事」『万延元年のフットボール』『沖縄ノート』など、その作品世界を丹念に追うことで、いまだ明らかになっていない大江像を探る。

978-4-334-10223-4

1297

嫉妬論

民主社会に渦巻く情念を解剖する

山本圭

隣人が、同僚が、見知らぬ他人が羨ましい――。苦しく、みっともない感情にどうしてこうも振り回されるのか。人々を揺さぶる「厄介な感情」を政治思想の観点から多角的に考察。

978-4-334-10224-1

1298

漫画の未来

明日は我が身のデジタル・ディスラプション《破壊的変革》

小川悠介

スマホ向け漫画「ウェブトゥーン」の台頭に、絵を自動で描く「生成ＡＩ」の進化。デジタル時代に、漫画はどこへ向かうのか？　取材を重ねた記者が、経営・ビジネスの観点からその未来図を探る。

978-4-334-10225-8

光文社新書

1299 死なないノウハウ
独り身の「金欠」から「散骨」まで

雨宮処凛

失職、介護、病気など、「これから先」を考えると押し寄せる不安……。各界の専門家に取材し、役立つ社会保障制度などを紹介する、不安な人生をサバイブするための必須情報集！

978-4-334-10226-5

1300 〈共働き・共育て〉世代の本音
新しいキャリア観が社会を変える

本道敦子　山谷真名
和田みゆき

当事者インタビューで明らかになった、〈共働き・共育て〉を志向するミレニアル世代の本音、そして子育て中の男性の苦悩。当事者、そして企業が取るべき対策とは？【解説・佐藤博樹】

978-4-334-10249-4

1301 子ども若者抑圧社会・日本
社会を変える民主主義とは何か

室橋祐貴

変化の激しい時代に旧来の価値観で政治が行われ、閉塞感が漂う日本。先進諸国で若い政治リーダーが台頭している中、なぜ日本だけ変われないのか？若者が参加できる民主主義を示す。

978-4-334-10250-0

1302 子どものこころは大人と育つ
アタッチメント理論とメンタライジング

篠原郁子

ボウルビィが提唱したアタッチメント（愛着）は、子どもにとって重要なすべての大人との間に形成されうる。心で心を思うこと《メンタライジング》をベースに、アタッチメント理論をわかりやすく解説する。

978-4-334-10251-7

1303 頭上運搬を追って
失われゆく身体技法

三砂ちづる

今の日本では失われつつある身体技法「頭上運搬」。沖縄や伊豆諸島ほか日本各地や海外にその記憶と痕跡を訪ねる。生活や労働を支えた身体技法と、自らの身体への理解や意識を考察。

978-4-334-10252-4

1304
定点写真で見る　東京今昔
鷹野晃

江戸・明治・大正・昭和――。東京はいかに変貌したのか。東京を撮り続けて40年の写真家が、「定点写真」という手法を用いて破壊と創造の首都を徹底比較。写真451点収録！

978-4-334-10253-1

1305
バッタを倒すぜ　アフリカで
前野 ウルド 浩太郎

世界中を飛び回り、13年にわたって重ねてきたフィールドワークと実験は、バッタの大発生を防ぐ可能性を持っていた！　新書大賞受賞、25万部突破の『バッタを倒しにアフリカへ』続編。

978-4-334-10290-6

1306
中日ドラゴンズが優勝できなくても愛される理由
喜瀬雅則

2年連続最下位でも視聴率と観客動員は好調。なぜ順位と人気は相関しないのか？　優勝の可能性は？　立浪監督はじめ多くのOBや関係者への取材を基にしたドラゴンズ論の決定版。

978-4-334-10291-3

1307
ダーウィンの進化論はどこまで正しいのか？
進化の仕組みを基礎から学ぶ

河田雅圭

『種の起源』刊行から一五〇年以上がたった今、人類は進化の仕組みをどれほど明らかにしてきたのか。世に流布する進化の誤解も解きほぐしながら、進化学の最前線を丁寧に解説する。

978-4-334-10292-0

1308
中高生のための「探究学習」入門
テーマ探しから評価まで

中田亨

仮説を持て、さらば与えられん！　アイデアの生み出し方、調査や実験の進め方、結果のまとめと成果発信、安全や倫理等を具体的にガイド。研究者の卵や大人にも探究の面白さを伝える。

978-4-334-10293-7

1309
世界の富裕層は旅に何を求めているか
「体験」が拓くラグジュアリー観光
山口由美

旅に大金を投じる世界の富裕層が求めるものは？　彼らの旅のスタンダードとは？　近年のラグジュアリー観光を概観し、安心や快適さではない、彼らが求める「本物の体験」を描き出す。

978-4-334-10294-4

1310
生き延びるために芸術は必要か
森村泰昌

歴史的な名画に扮したセルフポートレイト作品で知られ、「私」の意味を追求してきた美術家モリムラが、「芸術」を手がかりに「生き延びること」について綴ったM式・人生論ノート。

978-4-334-10295-1

1311
組織不正はいつも正しい
ソーシャル・アバランチを防ぐには
中原翔

燃費不正、不正会計、品質不正、軍事転用不正……。組織不正はなぜあとを絶たないのか――。気鋭の経営学者が、組織をめぐる「正しさ」に着目し、最新の研究成果を踏まえて考察する意欲作。

978-4-334-10322-4

1312
経営の力と伴走支援
「対話と傾聴」が組織を変える
角野然生

経営者との「対話と傾聴」を通じ、自立的な企業変革への道筋をつける「伴走支援」の枠組みを、第一人者の実践を基に示す。南山大学教授・中村和彦による、組織開発の視点での解説を収録。

978-4-334-10324-8

1313
英語ヒエラルキー
グローバル人材教育を受けた学生はなぜ不安なのか
佐々木テレサ
福島青史

英語で授業をするEMIプログラム。学部卒業生に日本語や承認の不安を覚える人が出ている。聞き取りを基に内実と問題点を提示。指導教員が多言語話者成長の苦悩と対策を解説。

978-4-334-10325-5

光文社新書

1314

ナショナリズムと政治意識

「右」「左」の思い込みを解く

中井遼

政治的な左右と結びつけられがちなナショナリズムの概念を政治学の知見と国際比較からとらえなおし、日本人の政治意識が世界においてどれだけ普遍的もしくは特殊なものであるか検討する。

978-4-334-10323-1

1315

電車で怒られた！

「社会の縮図」としての鉄道マナー史

田中大介

「バッグが当たってんだよ！」。時に些細なことで殺伐とする電車内。なぜ人は電車でイラついてしまうのか？「車内の空気」の変遷を丹念にたどり、その先にある社会までを見通す一冊。

978-4-334-10351-4

1316

なぜBBCだけが伝えられるのか

民意、戦争、王室からジャニーズまで

小林恭子

大戦による「危機」、政権からの「圧力」、そして王室との「確執」まで——。報道と放送の自由のために、メディアは何と向き合ってきたのか？ 在英ジャーナリストと辿る「BBCの一〇〇年」。

978-4-334-10352-1

1317

「ふつうの暮らし」を美学する

家から考える「日常美学」入門

青田麻未

家の中の日常に「美」はあるか？ 椅子、掃除、料理、地元、ルーティーンを例に、若手美学者が冴えわたる感性で切り込む。「美学」の中でも新しい学問領域、「日常美学」初の入門書。

978-4-334-10353-8

1318

フランス　26の街の物語

池上英洋

フランスの魅力は豊かな個性をもつそれぞれの街にある——。美術史家が、人、芸術、歴史、世界遺産の観点から厳選した26の街を訪ね歩き、この国がもつ重層性と多面性を、新視点で綴る。

978-4-334-10354-5